Tycho Mommsen

Zwanzigstes Programm der Vorschule und höheren Bürgerschule zu Oldenburg

Tycho Mommsen

Zwanzigstes Programm der Vorschule und höheren Bürgerschule zu Oldenburg

ISBN/EAN: 9783743615434

Hergestellt in Europa, USA, Kanada, Australien, Japan

Cover: Foto ©Paul-Georg Meister /pixelio.de

Weitere Bücher finden Sie auf **www.hansebooks.com**

Zwanzigstes Programm

der

Vorschule und höheren Bürgerschule

zu Oldenburg

von

Tycho Mommsen,

Rector.

Inhalt:

———❧———

Oldenburg, 1863.

Schnellpressendruck und Verlag der Schulze'schen Buchhandlung.

(W. Berndt.)

„Es ist eine ernste und große Sache, da Christo und aller Welt viel an liegt, daß wir dem jungen Volk helfen und rathen; damit ist denn auch uns allen gerathen und geholfen."

Luther.

Herrn Professor Friederichs in Berlin.

Oldenburg, Febr. 10. 1863.

Anderthalb Jahre und drüber sind verflossen, seit ich
mit Ihnen, werther Freund, an den lieblichen Ufern des
Arno verkehrte. Nach der Zeit haben Sie kein Sterbens-
wörtchen von mir gehört, während ich doch versprochen hatte,
Ihnen schon nach Paris oder London, wohin Sie damals
reif'ten, meine Anliegen, namentlich in Betreff der Oxforder
Pindarhandschriften, und zugleich einige Kunde von mir
und meinem Treiben zukommen zu lassen. Sie mögen Sich
billig über solches Verstummen gewundert haben, nachdem
wir über Kunst und Alterthum so manchen Abend ver-
plaudert, namentlich auch über den Gegenstand unserer gemeinsamen Pflege, den alten herrlichen Griechen-
sänger Pindar, so manchen Gedanken ausgetauscht hatten.
Die weiteren Gründe meines Schweigens, seit ich wieder in
unserm unglücklichen Vaterlande angekommen bin, lassen
Sie mich auch jetzt verhüllen — καὶ τὸ σιγᾶν πολλάκις
ἐστὶ σοφώτατον ἀνθρώπῳ νοῆσαι —. die nächsten aber
sind erfreulicher Art, und ich will sie Ihnen, zu Nutz
und Frommen aller Freunde der Griechischen Literatur,
angeregt durch Ihre geistvollen „Pindarischen Studien,"
nicht länger vorenthalten.

1*

I.

Nachdem ich in Florenz und Modena (wo Don Cele=
stino Caveboni meine Zwecke mit dem liebenswürdigsten
Eifer förderte) alles irgend Erhebliche collationirt hatte,
kam ich nach Mailand. Zu meiner nicht geringen Freude,
aber auch mit einigem Schrecken (denn mein Urlaub war
in einigen Wochen abgelaufen), fand ich hier das bei wei=
tem Bedeutendste, was mir im ganzen Laufe meiner frühe=
ren (1847 und 1848) und neueren (1859—1861) Durch=
forschung des handschriftlichen Materials vorgekommen ist,
die älteste und beste Pindarhandschrift, und zwar
durchaus unbenutzt. Es ist ein Miscellaneen=Codex der
Ambrosiana (C. 222 sup.) von größtem Format, eher dem
XII. (XIII). als dem XIV. saeculo angehörig, derselbe, aus
welchem H. Keil 1848 die Prolegomena der Tzetzes=Scho=
lien zum Aristophanes (vgl. N. Rhein. Museum VI. 108 ff.
und 203 ff.) herausgegeben hat. Freund Hertz hatte mir
schon 1847 von diesem Manuscript Kunde gegeben; als ich
aber im Frühling 1848 nach Oberitalien kam, fand ich
dieses in vollem Aufstande und den Weg nach Mailand
versperrt. Ich mußte also damals Italien verlassen ohne
die Ambrosiani gesehen zu haben, und wurde bald darauf
in ganz andere Bahnen geworfen, welche weit von Pindar
abführten. Im Juli 1861 fand ich noch den Zettel von
von M. Hertz bei fol. 181 eingelegt, wo der Pindar an=
fängt. Die Doctoren Dozio und Gabbi, Präfecten der
Bibliothek, erweiterten für mich die Zeit der Bibliothek=
Benutzung mit so großer Liberalität, daß es mir möglich
wurde, in der kurzen Frist ·von vier Wochen den ganzen
Schatz der Ambrosiana zu heben. Denn es sind noch
neun andere Pindar=Manuscripte da, einige derselben, der
siebente z. B. (E. 103 sup. == Ambr. G.), sehr gut und

alt; aber gar nicht entfernt an Wichtigkeit dem erwähnten ersten (Ambr. A) zu vergleichen.

Hier haben wir zweierlei von großer Bedeutung: 1. das Original der berühmten Breslauer Scholien; 2. den Text der zwölf ersten Olympioniken in einer älteren und stellenweise besseren Recension als bisher bekannt gewesen ist. — Das Erstere scheint jedoch wichtiger als es ist, denn obwohl ich eine ganz genaue Abschrift sämmtlicher Scholien gemacht habe, so ergiebt sich doch daraus im Ganzen wenig mehr als aus dem Vratislaviensis A, von dem wir durch Schneider's Apparatus (1844) p. 44—69 in Betreff der beiden ersten Olympioniken vollständig unterrichtet sind; nur daß der Schreiber des Breslauer Codex hin und wieder, wo er sein Original nicht lesen konnte (dasselbe erfordert nicht geringe Praxis, da es auf's Reichlichste, auch im Text [doch da weniger], mit Abkürzungen geschrieben ist), eine Lücke ließ, und einzeln einmal eine Zeile überschlug. So folgt in der Vita (ed. Böckh p. 9, lin. 3 4) nach den Worten καὶ αὐλητὴν ὄντα, τὴν τέχνην διδάξαι, noch dieses μητρὸς δὲ κλεοδίκης. οἱ δὲ κλειδίκης (die Handschr. hat κληδίκης) γράφουσι. πχὶς δὲ ὢν ὁ πίνδαρος, ὡς χαμαιλέων καὶ ἴστρος φασὶ, περὶ τὸν ἑλικῶνα θηρῶντα und dann kommt αὐτὸν, ὑπὸ πολλοῦ καμάτου u. s. w. — In den merkwürdigen Scholien zu Ol. IX. (p. 225, 3; 226, 4) steht beidemal richtig τὰ β' μίχ ἐστὶ περίοδος, nicht etwa das erste Mal (wo der Vratislaviensis eine Lücke hat) γ' d. i. τρίχ.

Der Text dagegen ergiebt die schönsten Berichtigungen. Nur in Ol. I. und im Anfang von Ol. II. kennen wir diese schon aus dem Vratislaviensis, welcher von da an bekanntlich nur die jüngste (Triclinianische) Recension enthält. Unwidersprechlich richtig sind z. B. folgende Lesarten

des Ambrosianus: 1. Ol. II. 64 δέκονται mit der Glosse [δέ]χον[ται], die schöne, von Bergk mit Recht aufgenom=
mene Conjectur Wüstemann's, auf welche auch das im
Palatinus C. zu δέρχονται beigemerkte δε führt. —
2. Ol. III, 25 ἅρμα (mit der Glosse ἐκίνει), welches schon
vor langer Zeit Böckh vermuthet und neulich Hartung
aufgenommen hat; womit denn dem Streit über diese Stelle
ein Ende gemacht und dieser Einwurf gegen die Böckh'sche
Versabtheilung beseitigt ist. Hier hätte man längst dreister
sein können, da eine Elision am Ende des Verses undenk=
bar ist, wenn wir, wie ich fest glaube und durch Pindar's
Gebrauch aufs Klarste bestätigt sehe, dem elidirten Vocal
kein gänzliches Verstummen, sondern eine leis anstoßende
Hörbarkeit vindiciren dürfen. Dadurch erklärt es sich, daß
schwerere Elisionen besonders gern eine rhetorische Pause,
oft volle Interpunction nach sich haben, so daß für die
leise Aussprache des furtiven Vocals Platz gewonnen wurde,
ohne daß der Rhythmus gehemmt war. Ich habe immer
geglaubt und Ahrens' schöne Abhandlung de Crasi et
Aphaeresi hat mich aufs Neue darin bestärkt, daß der be=
clamatorische Vortrag der alten Poesie nicht wesentlich von
dem schön cadenzirten, keine Silbe ganz verschluckenden Vor=
trag der Italiener u. s. w. verschieden gewesen sei. Auch
finde ich viele Spuren davon, daß die Elision ursprünglich
gar nicht oder doch nicht durch Auslassung und Apostro=
phirung (sondern durch Ueberschreiben der rhythmisch un=
gültigen Silbe) angedeutet wurde. Nun aber ist ein solches
auch nur leises Anstoßen des über den Rhythmus hinaus=
gehenden Vocals am Ende des Verses undenkbar. Noch
unsinniger wäre es, anzunehmen, Pindar habe die Anti=
strophe mit ἅρμαι schließen und die Epode mit νε Ἰστρίαν
νιν u. s. w. beginnen wollen. Doch heute ist noch viel zu

thun! Zurück zum Ambrosianus! — **3.** Ol. III, 32 δένδρεα θάμβαινε (mit der Gloſſe ἐθαύμαζε), die Con=jectur Bergk's. — **4.** Ol. IV, 27 θαμάκι, Bergk's Schreibung in der erſten Ausgabe der Poetae Lyrici. — **5.** Ol. VI, 40 λόχμαις ὑπὸ κυανέαις (mit den Gloſſen ὕλαις und σκοτειναῖς), — **6.** VII, 61 νιν. — **7.** VII, 85 Βοιωτίων ſehr ſchön, poetiſch ſtatt Βοιωτῶν. Der Fall iſt ähnlich, wie Pyth. I, 78, wo nur zwei alte Manuſcripte (Med. C und Med. E) die Beſſerung Moſchopul's Μήδειοι κάμον beſtätigen, während alle anderen veteres (18 habe ich dort verglichen) Μήδοι κάμον darbieten, was Triclin in Μήδοι μὲν κάμον verwandelte. Beidemal ſcheint es das poetiſch als Subſtantiv gebrauchte Adjectiv des Völkerna=mens, wie „die Schwediſchen," the English, the French, obwohl dies nicht bloß poetiſch iſt. Vergleichen Sie Lo=beck an mehreren Stellen und beſonders Paralipom. p. 305. Offenbar iſt Βοιωτίων beſſer als das früher von mir em=pfohlene Βοιωτίας des Par. G, welches indirect die Ambro=ſianiſche Lesart beſtätigt. Βοιώτιοι iſt ein bloßer Einfall der Byzantiner; alle anderen veteres haben Βοιωτῶν. — **8.** VII, 86 ἑτέρου. — **9.** IX, 16 ἀρεταῖσιν ἔν τε die vor=treffliche Conjectur Böckh's. — **10.** IX, 83 ἔσποιτ' αἰεί. ξενία (zum Theil nach dem Lemma, denn der Text hat προξενία). — **11.** IX, 102 ἀρέθαι Bergk's Conjectur. — **12.** X (XI), 13 ἀμφὶ (ſtatt ἐπὶ). — **13.** XI (X), 25 βωμῶν ἐξάριθμον ἐπτίσσατο (ohne ἡρακλέης); d. i. den Kreis, an Doppel=Altären ſechszählig; das Subject der lan=gen Periode folgt, mit ſehr ſchöner rhythmiſcher Energie, erſt am Ende im ſtark markirten Daktylus Vers 30 *); wo=

---

*) Aehnliche rhythmiſche Hervorhebungen des Subjects am Ende langer Sätze finden ſich z. B. O. XII, 6 (ἐλπίδες) und O. XIII, 17

mit die verzweifelte Stelle mit einem Schlage aufgehellt ist; die Eingangssilbe ist wohl lang wie O. I, 80 in μναστῆρας. — **14.** XI (X), 72 δὲ νικεὺς Meineke's Schreibung. — **15.** XII, 16 σ'ἄμερσε Jacobs' schöne Conjectur. — Mit diesen funfzehn Stellen begnüge ich mich fürs Erste; andere Lesarten, die der Ambr. A entweder nicht allein (oft aber nur mit wenigen der besten) hat, oder die zweifelhafter Natur sind, wie II, 81 ἕκτορα σφᾶλε (cod. σφάλε); IV, 9 χαρίτων γ'ἕκατι; VI, 27 ἀναπεπτάμεν'; IX, 65 ὑπέρφυτον; X, 4 ἀρχὰ wollen wir einstweilen auf sich beruhen lassen.

Durch einen glücklichen Zufall also, der uns ein außerhalb des Kreises der sonst bekannten ältesten Tradition (Vatic. B, Gotting, Par. G, Med. B, C, E, Par. A, Pal. C u. s. w.) liegendes Manuscript zuführt, haben wir hier für mehrere der bestrittensten Stellen Entscheidung, zugleich aber für eine Reihe von Conjecturen der be-

---

(ὦραι); desgleichen die bedeutsamen Objecte, z. B. des γᾶν in der herrlichen Stelle N. XI, 16. Der kühne Genitiv βωμῶν hat manche Analogien bei Dichtern: G. Herm. ad Viger. 891. Auch der Med. E hat βωμῶν (darüber βωμὸν), sowie die Paraphrase desselben Cober (u. a. m.) ἀγῶνα . . . . Ἐξ βωμᾶν ἀριθμὸν ἔχοντα. Die meisten veteres haben βωμὸν, einige βωμῷ; letzteres erscheint auch vielleicht in einer Paraphrase. Beides ist aus βωμῶν entstellt. Nun erklärt sich auch die schwankende Stellung des Wortes ἡρακλέης, da dies als alte parepigraphe ursprünglich am Ende der Zeile stand. Die interpolirte Lesart βίη ἡρακλέος (mit Ausstoßung des in Manuscripten und Scholien überlieferten ἐξάριθμον) ist absurd. — Ich sehe eben, in alten Papieren suchend, daß ich die Weglassung von ἡρακλέης und βωμῶν schon 1859 vermuthet habe, zwei Jahre vor meiner Reise. Was damals (neben βωμῷ ἐξαρίθμῳ ἔκτ.) nur meine Vermuthung war, ist nun Gewißheit.

ften Herausgeber — namentlich Böckh's und Bergk's
— eine Bestätigung, die sie fast zur Gewißheit erhebt.
Nun aber komme ich zu dem, was Sie als Ihren
kritischen Haupt= und Grundsatz Ihrem letzten Schriftchen
vorangestellt haben, und erhebe dagegen, wenn Sie es mir
nicht übel deuten wollen, freundschaftlichen Widerspruch.
Nicht daß ich Ihnen nicht zugäbe, daß die neuere Kritik
im Allgemeinen von dem gewissenhaften und rationellen
Verfahren Böckh's zu weit abgegangen sei und den Zu=
fall der Verschreibung in maaßloser Weise bei Pindar vor=
ausgesetzt habe, wofern Sie hiermit die arge Gewaltsamkeit
Hartung's unter dessen rauhen Händen auch Pindar zu
Schanden geworden ist, und die — als harmlose lusus in-
genii doch weit erträglicheren — Conjecturen Hecker's
meinen. Auch wenn Sie durch Annahme einer geringeren
metrischen Consequenz den Text noch mehr als Böckh ge=
than der Ueberlieferung nähern zu müssen glauben, so kann
ich dies wohl bis zu einem gewissen Grade zugeben, wie
für den eclatanten Fall Ol. II, epod. 1, wo Böckh — ob=
wohl bewußter Weise an den meisten Stellen — den In=
terpolatoren gefolgt ist, die zwar sehr scharfblickende Me=
triker, aber auch arge Consequenzmacher und Sylbenstecher,
sehr schlechte Poeten und noch schlechtere Grammatiker wa=
ren. Wenn Sie jedoch glauben, „die Stellen, wo wirklich
eine den Sinn berührende Conjectur nöthig sei, reducirten
sich bei Pindar auf eine verschwindend kleine Anzahl, und
bei ihm seien wir so glücklich, für die Conjecturalkritik we=
nig zu thun zu haben," so gehen Sie darin, glaube ich,
viel zu weit, falls Sie damit sagen wollen, daß es mit dem
Pindartext eine wesentlich bessere Bewandtniß habe als mit
den meisten anderen Schriftstellern der Alten. Dergleichen
principielle Aufstellungen halte ich für ungemein mißlich.

Wenn z. B. der Ambrosianus nicht eines Beſſern belehrte,
würde Ol. II, 64 als Ue b e r l i e f e r u n g δέρχονται gelten
(obgleich dies, wenn man genau zuſieht, in den Scholien
vor Germanus nicht nachweisbar iſt); wir müßten dann
eine Umſtellung, wie ich ſie in den Scholiis Germani (und
vor mir Ahlwardt) vorſchlug, für bei weitem beſſer halten
als die bloße Conjectur δέκονται oder irgend eine der vie=
len andern Vermuthungen; IX, 102 wäre ἀρέσθαι ein un=
nützer Einfall; IX, 16 müßten wir ἴσον feſthalten, obgleich
dies (im Ambrosianus als varia lectio beigeſchrieben) nun
nur ebenſoviel oder ebenſowenig gilt als ἔν τε *). Wenn
wir ferner bedenken, daß an hundert Stellen und mehr die
S c h o l i e n offenbar etwas Anderes vor Augen hatten als
uns im Texte überliefert iſt — auf e i n e ſolche nicht
beachtete Stelle mache ich Sie aufmerkſam: Ol. VIII, 23,
wo a l l e Handſchriften ὅ,τι (ὅτι) haben, a l l e a l t e n Er=
klärer offenbar ὅθι (und μέτοι, vielleicht auch μέτον) laſen,
was den Sinn ſehr erheblich, und aufs Beſte, verän=
dert —; wenn wir dann in weit mehr Stellen als bisher
aus der unvollkommenen Handſchriftenvergleichung erhellt
hat ſtatt des Altüberlieferten nur die byzantiniſchen Ein=
fälle gekannt haben, von denen durchaus nicht nachweisbar
iſt (eine einzige Separatlesart der Thomani ausgenommen),
daß ſie mehr als Einfälle ſind —; wenn wir endlich aus
eigner Erfahrung (wie Ihr ergebenſter Diener) wiſſen, daß
ſchon im Verhältniß der jüngeren Manuſcripte zu den älte=
ren zahlloſe Verſchreibungen vorkommen, die, mit Schlimm=
beſſerungen vermehrt, zu einer Lawine von Irrthümern an=

---

*) Eine dritte Stelle im Ambrosianus (in den Scholien) könnte die
Bergk'ſche Conjectur σόν τε, Καστaλία, ſtützen; ſie iſt aber
aus andern Gründen unhaltbar.

wachsen: — so sehe ich in der That nicht ein, wie ohne besonnene Anwendung von Conjecturalkritik durchzukommen ist. Der Widerspruch zwischen Scholienerklärung und einstimmig überliefertem Text beruht ja eben darauf, daß viele traditionelle Schreibfehler in allen unsern Handschriften stehen; ja es ist ganz natürlich, daß dieselbe Fehlerhaftigkeit schon zu Zeiten der Alexandriner vorhanden war, wovon überdies manche überlieferte Meinungsverschiedenheiten in Betreff der richtigen Lesart das deutlichste Zeugniß geben, z. B. Ol. III, 26. Nun aber haben wir nur zu den Olympioniken reichliche, aus verschiedenen Sammlungen entspringende alte Scholien, zu vielen Stellen der übrigen Gedichte entweder gar keine, oder nur unbeutliche, vage Paraphrasen. Auch die alten Textquellen zu der letzteren Hälfte der Gedichte sind verhältnißmäßig dürftig. Sicherlich würde, wenn z. B. der Ambrosianus und dessen Scholien sich auch über die andere genera erstreckten, dadurch noch ein großer Theil der besten Ueberlieferung erschüttert werden.

Mir beucht, die erste Frage ist die: was ist die Ueberlieferung? Die Antwort lautet nicht einfach: was die codices haben. Denn diese weichen nicht nur unter einander ab, sondern es sind außer den älteren wenig oder doch nicht nach neuerer Manier interpolirten noch zwei zahlreiche, keineswegs überall richtig geschiedene Classen von interpolirten Manuscripten vorhanden. Die erste Pflicht also ist zu untersuchen: was ist in dem Text die alte, was die interpolirte Lesart? Und so viel Böckh auch daran gethan hat, so werden Sie bald sehen, daß er zu unvollkommene Hülfsmittel hatte, um diese Frage vollständig beantworten zu können. Die zweite Frage ist die: Lasen die alten Scholiasten dasselbe, was die alten Manuscripte dar-

bieten? Im Ganzen ist immer von der Voraussetzung aus=
zugehen, daß sie dasselbe lasen, nicht aber, daß, wo wir
einen Anstoß nehmen, die Scholiasten etwas Anderes vor
Augen gehabt haben müssen. Es ist viel Unfug in letzter
Zeit, namentlich von Hartung, mit dieser Annahme ge=
trieben worden, und oft findet man die verschiedenen Scho=
liensammlungen in fahrlässigster Weise durcheinander gewür=
felt. Zuerst ist wohl zu beachten, daß Moschopul seine
Lesart und Triclin die seinige commentirt; dann folgen
Thomas und Germanus; dann die Aelteren, wo wieder die
Zusätze (im Gottingensis, Par. A, Med. E u. s. w.) wohl
von der älteren Masse zu scheiden sind, und in dieser wie=
der die Ambrosiana (Vratislaviensia) von den eigentlichen
Vaticanis, welche unvermischt nur die Ursinische Handschrift
enthält. Jede einzelne Paraphrase ist zunächst zu der Les=
art derselben Handschrift oder Handschriftengattung zu hal=
ten, und da wird man durchweg finden, daß Lesart und
Erklärung übereinstimmen. Rechtes Licht würde in diese ver=
wirrte Angelegenheit nur durch eine Scholienausgabe kom=
men, in welcher die Gattungen deutlich getrennt wären.
Am besten wären Columnen: unter A die Ambrosiana,
unter B die Vaticana, unter C und D die Nachträge, Zu=
sätze und Aenderungen zu B, wie auch Germanus; dann
die Thomana; ferner der unter Moschopul's Namen gehende
Commentarius perpetuus; endlich die eigentlichen Tricli=
niana. Wie oft würde sich da durch die bloße richtige An=
ordnung ergeben, daß eine absurde, künstliche Erklärung
einer sehr zweifelhaften Quelle entstammt!

Doch zurück zur ersten Frage: Was ist die Ueberlie=
ferung der Manuscripte? Erlauben Sie, daß ich Ihnen an
einem Beispiel zeige, wie unsicher noch -- ohne Ihre Schuld
— Ihre Kenntniß von der Ueberlieferung ist. Ich wähle

dazu die erste Olympische Ode, eins der am sorgfältig=
sten in alter und neuer Zeit erklärten und berichtigten
Stücke, und dazu eins der bewundernswürdigsten Gedichte
des gesammten Alterthums.

Böckh ersetzte an mehreren Stellen die interpolirte
Lesart durch die ältere ächte; unzweifelhaft richtig Vers 24
παρ' durch ἐν; 37 ἐς εὐνομώτατον ἔρανον durch τὸν εὐνομώτατον ἐς ἔρανον; 74 ποσὶ durch ποδὶ; 79 γε durch τε;
84 οὑτοσὶ ἆθλός γ' durch οὗτος ἄεθλος ohne γ'; 87 δι-
φρον χρύσεον ἐν πτεροῖσιν durch δίφρον τε χρύσεον πτεροῖσιν; minder sicher sind τὸ ἱκόμενοι (auch vorbyzanti=
nisch) durch ἱκομένους; 28 φρένας durch φάτιν (was sehr
wenig Anspruch auf traditionelle Autorität hat; 101 das
Triclinianische ἱππικῷ durch ἱππίῳ, obwohl fast alle alte
codices ἱππείῳ bieten. Einige dieser Stellen hatte schon
G. Hermann ebenso emendirt.

An anderen Stellen ließ Böckh die interpolirte Les=
art stehen. Nun wollen wir einmal zugeben, daß wir
Vers 80 das matte ἐρῶντας (Moschopul's Erfindung) wie=
der aufgeben und dafür das altüberlieferte μναστῆρας
(μνηστῆρας) zurückführen dürfen, obwohl Bergk's Vermu=
thung ματῆρας Manches für sich hat; wir wollen eine noch
bedenklichere lange Eingangssilbe oder eine sehr ungewöhnliche
unnachweisbare Aeolische Verkürzung Vers 89 zulassen und
die einstimmig überlieferte alte Lesart ἃ τέκε aufnehmen,
statt selbst zu conjiciren; denn daß weder Moschopul's τέκε
δὲ, unsere Vulgata, noch Triclin's τέκε τε, Böckh's Les=
art, richtig ist, ergiebt sich schon aus der Härte der Con=
struction, die beide mit sich bringen. Unzweifelhaft ist auch
in derselben Zeile nicht mit den Byzantinern μεμαλότας,
sondern mit allen guten Manuscripten μεμχότας zu lesen,
mit Recht schon von Heyne empfohlen, und von Schnei=

bewin und Bergk bereits zurückgeführt. Jenes ist
ebenso grammatisch unhaltbar, wie dieses poetisch und
grammatisch vollkommen schön und richtig, welches ich mir
an einem andern Orte nachzuweisen erlauben werde. —
An einer vierten Stelle, Vers 86, ist es bisher unbemerkt
geblieben, daß ὧν ein Byzantinisches Einschiebsel ist. Hier
bedarf es in der That keiner Conjectur, sondern wir kön=
nen mit Theilung des Verses ἐφάψατο | ἔπεσι lesen; wie
Vers 28 βροτᾶν | φάτις 115 πατεῖν, | ἐμέ τε und —
da es sichere Beispiele dieser Trennung giebt — auch
Vers 57 ὑπὲρ | κρέμασε.

Aber damit ist die Kritik dieses Gedichtes noch keines=
wegs abgethan. Es bleiben ein Dutzend und mehr Stel=
len übrig, wo es der Conjectur bedarf. Vers 52 ist
ἄπορα mit den Byzantinern für das in den alten Hand=
schriften stehende ἄπορον; 57 mit Hermann ἂν οἱ für das
in allen Manuscripten befindliche τάν οἱ; 58 entweder τὸν
αἰεί (mit den Byzantinern) oder αἰεὶ τὸν für das überlie=
ferte τὸν αἰεί; 59 vermuthlich das Byzantinische ἀπάλαμον
für das überlieferte ἀπάλαμνον, obwohl über die Möglich=
keit einer vor μν vernachläſſigten Poſition sich hier wie bei
Hesiod streiten ließe; 82 das ebenfalls nur Byzantinische οἷσιν
für das überlieferte οἷς (ἐφ' οἷς) zu lesen. In diesen fünf
Fällen, mögen Sie sagen, berührt die Aenderung den Sinn
wenig oder gar nicht; immerhin bleiben es Conjecturen, wenn
auch nahe liegende. Wichtiger sind andere Fälle. Vers 23
müſſen Sie die Byzantinische (allerdings z. Th. nach dem Vor=
gange einiger Alexandriner wieder eingeführte) Emendation
Συρακόσιον ἱπποχάρμαν statt des altüberlieferten Συρακουσίων
ἱππιοχαρμᾶν (χάρμαν) annehmen. Vers 48 steht die By=
zantinische Schlimmbesserung ἀμφ' ἀκμὰν in keiner nicht
interpolirten Handschrift, welche vielmehr alle ἐπ'ἀκμὰν

barbieten. Eins ift fo falfch wie das Andere. Moſchopul
fah wohl den metriſchen Fehler, aber, nach ſeiner Art, er-
griff er zu deſſen Ausmerzung die nächſte beſte Präpoſition,
ohne zu bedenken, daß ἀμφ' ἀκμὰν τέμνειν τὰ μέλη ſehr
geſchraubt und wegen des gleich nachher richtig gebrauch-
ten τραπέζαισι — ἀμφί (als anastrophe anzuſehn) doppelt
widerwärtig ſei. Es ift nach Anleitung der alten Erklärer
und weil die Verderbniß ἐπ' ſich daraus leicht erklärt εἰς
ἀκμὰν dafür zu ſchreiben, meine Conjectur, wenn Sie erlauben. Vers 64 bedarf ſogar zweier Conjecturen.
Denn erſtlich ift Θέσσαν mit dem zu ergänzenden Accu-
ſativobject ein dummer Einfall der Byzantiniſchen Kritiker, da alle alten Manuſcripte hinter Θέσαν (ἔθεσαν
zwei, der Pal. C und Med. D) noch αὑτόν haben; drei
Thomani und der zweifelhafte Wolfenbüttler Codex haben
Θέσσαν αὑτόν. Dagegen ſteht Θέσσαν (Θέσαν) ohne αὑτόν
nur in den eigentlichen interpolatis, mit deren Aufzählung
ich Sie hier nicht ermüden will, da meine bald erſcheinende
Ausgabe Sie hierin ganz befriedigen wird. Einſtweilen
werden Sie mir nach jahrelangen auf die Unterſcheidung
der Handſchriftengattungen gerichteten Bemühungen wohl
glauben, daß ich weiß, was ein Moschopuleus, ein Tho-
manus u. ſ. w. ift, und in die Richtigkeit der Angaben
keinen Zweifel ſetzen. — Offenbar war alfo das aus Verſehen
eingedrungene ἔθεσαν αὑτόν die Gloſſe eines kürzeren
poetiſchen Ausdrucks, und wenn ich θέν νιν vermuthe, ſo
glaube ich, daß dies der Form, dem Klange, der Conſtruc-
tion nach vollkommen Pindariſch ſei, keine metriſche Licenz
erfordere und die Verderbniß der alten Texte genügend
erkläre. Θέσσαν ift eine unerhörte Form, wie Schneide-
win richtig einſah, ohne zu wiſſen, daß kein einziger
guter Codex etwas Anderes hat als Θέσαν (ἔθεσαν) αὑτόν.

— Wie es allen Kritikern entgangen ist, daß erst die Byzantiner αὐτόν tilgten, so haben sie in derselben Zeile unbemerkt gelassen, daß die Byzantiner nicht nur λαθέμεν in λασέμεν (nach dem bekannten Kanon der späteren Grammatiker) verwandelten, sondern daß sie auch das gänzlich müssige, ja schwächende τι eingeschoben haben. Denn in keiner guten Handschrift steht etwas Anderes als ἔλπεται λαθέμεν ohne τι. Wenn ich also schreibe ἔλπεται λελαθέμεν (wobei ἑρδων „mit seinen Thaten“ weit schöner, beucht mir, ist, als ἑρδων τι „wenn er etwas thut“), so glaube ich urkundlicher und besser zu verfahren, als wenn ich die interpolirte Vulgate festhalte oder sie, nur λασέμεν in λαθέμεν ändernd, mit der alten Lesart vermische. Denn sonst würde ich in den Fehler einer nothdürftigen conciliatorischen Kritik zu verfallen meinen, da, wenn λασέμεν und τι aller Wahrscheinlichkeit nach von einem Urheber (wohl Moschopulos) stammen, λασέμεν aber sicher ein elender Einfall ist, dann auch τι dieselben Ansprüche darauf hat ein elender Einfall zu sein. — Vers 65 hat keine gute Handschrift die erst von Triclinius gemachte Umstellung des οἱ, die doch sehr plausibel ist; ich wenigstens beruhige mich bei dieser Conjectur, da die Ueberlieferung τοὔνεκά οἱ προῆκαν υἱὸν ἀθάνατοι πάλιν völlig unhaltbar ist. — Nicht minder unhaltbar ist Vers 71 das in allen alten Handschriften überlieferte ἐγγὺς δ᾽ἐλθών wie auch das ἐγγύθι (ἐγγύθεν) δ᾽ἐλθών der Thomanischen Bücher, und wir müssen entweder ein Asyndeton (nicht unpaßlich an dieser Stelle, wie mich dünkt) annehmen und ἐγγὺς ohne δ᾽ schreiben, oder die dreiste Aenderung des Moschopul ἄγχι δ᾽, unsre Vulgate, billigen. — Dasselbe gilt Vers 73 von Εὐτρίαιναν, welches allein Moschopul's Bücher darbieten, während alle alten, Thomanischen und Triclinianischen

Εὐρυτρέπαιναν haben, obwohl einige mit abweichender Ac=
centuation. Laſſen wir dem armen Moſchopulos auch ein=
mal etwas gelten, es ſei denn, daß Sie eine beſſere Con=
jectur machen wollen. — Vers 104 iſt die alte Ueber=
lieferung allein ἅμα καὶ, was Moſchopul in ἄλλον ἤ,
Triclin in ἄλλον καὶ änderte *), beides grünblich verkehrt.

---

*) In Betreff der Handſchriften ſteht hier die Sache ſo:
ἅμα καὶ haben
1. alle nicht interpolirten Codices, ſo weit dieſe bekannt ſind, nämlich, wenn ich ſie nach Werth und Gattung ordne,
folgende 21: Ambr. A. Vrat. A. — Vat. B. — Par. G. —
Med. B. — Med. C. Med. E. Urb. A. (m. sec. Guelf.) Ven. B.
— Vat. P. Perus. Ambr. G. Leid. C. — Pal. C. Med. D.
Caes. A. — Par. A. Par. D. Ven. D. Caes. D., welche, zur
größeren Hälfte, ſchon der Zeit nach vor der Interpolation lie-
gen, indem ſie zwiſchen 1150 und 1350 geſchrieben ſind; es ver-
ſteht ſich, daß in der kleineren Hälfte, welche aus jüngeren Copien
beſteht, auch ſtellenweiſe die Interpolation eingedrungen iſt; dies
hindert aber nicht, daß dies überhaupt unſre beſten Textquellen ſind,
von den Scholien abgeſehen, und inſofern dieſe lückenhaft, zweideutig
und widerſprechend ſind, auch unſre abſolut beſten.
2. alle *Thomani*, von denen folgende acht hier verglichen ſind:
Par. E. Neap. A. Ambr. B. pr. m. — Vat. A. Aug. B. Ambr.
H. Ambr. D. — Gott. (welche Handſchrift in Ol I. Thomaniſch
iſt, da die m. pr. [die zu Med. C E gehört] erſt von Ol. II an
beginnt), desgleichen die in den Olympioniken zu derſelben Gattung
gehörige Aldina. Dieſe Claſſe, in welcher die beiden erſten Manuſcripte die älteſten und beſten ſind, bietet einen durchweg nicht
interpolirten Text dar, hat aber, wenn Scholien dabeiſtehen,
nur die unter dem Namen des Thomas Magiſter gehenden Recen-
tiora.
3. Die beiden ſehr jungen Manuſcripte zwitterhafter Natur Ven. A.
und Ambr. C.
ἅμα καὶ, eine ganz abgeſchmackte Conjectur, hat nur der aus
den verſchiedenſten Originalen zuſammengeſetzte ſehr junge Geſammt-
codex Vat. E.
ἄλλον ἤ, unſre Bulgata ſeit Gr. Schmid, haben ſicher Leid.
B. Caes. B. Ravennas (infra). Vat. F. Ambr. I. Pal. A. B.
Aug. A. Leid. A. (m. pr. Guelf.). (m. sec. Ambr. B). (sec. m.

2

Denn das anakoluthische τε - ἤ (welches auch Isthm. VII, 35, wo mit Triclin Ζηνὶ zu schreiben ist, auf einer un=

Gott. supra). Med. A. Vrat. B. Ven. C. Hafn. Ven. G, und nach dem argumentum silentii auch Lips. und die 4 Bodl. (α β γ Ms.) — Diese 20—22 Handschriften sind nicht nur reine *Moschopulei* (mit Ausnahme von Bodl. β γ Aug. A. Ven. C G. Hafn. die eine mehr oder weniger starke Triclinianische Beimischung haben), sondern überhaupt alle *Moschopulei*, welche collationirt worden sind; die besten die zuerst aufgeführten, welche am Rande den unter Moschopul's Namen gehenden Commentarius perpetuus haben, ohne irgend welche Beimischung der Scholia Thomana oder der Tricliniana.

ἄλλον καὶ, die vulgata der Editio Romana (die hier durchweg Triclinianisch ist), haben Bodl. C. Mosc. B. Caes. E. Ven. E. Caes. C. Estensis A., also sechs entschiedene Tricliniani, desgleichen Mosc. A. (Gott. m. sec. infra), Rav. (supra), vermuthlich aus derselben Quelle.

Wenn Sie also sagen, „die Lesart ἄλλον ἤ sei jedenfalls die bestbeglaubigte," so steht diese Behauptung mit der handschriftlichen Ueberlieferung des Textes im entschiedensten Widerspruch, da ἄλλον ἤ vielmehr nur in den metrisch durchcorrigirten, gänzlich unzuverlässigen Moschopuleis steht, und von vornherein für nichts Anderes gehalten werden kann, als für eine dreiste Conjectur desselben Grammatikers, welche zwar (wie immer bei ihm) genau in das Versmaaß paßt, aber (wie sehr oft, gerade bei Moschopul) einen schiefen Sinn giebt und grammatisch anstößig ist. Sie können höchstens vermuthen, daß Moschopul dies ἄλλον ἤ insofern richtig conjicirt habe, als es mit den alten Scholien übereinstimme. Dies aber wäre eine sehr mißliche Hypothese, da erstlich ἤ nirgends in den alten Scholien vorkommt, sondern ausdrücklich καὶ - καὶ und τε - καὶ, zweitens ἄλλον, welches allerdings in der zweiten (gänzlich falschen) alten Paraphrase vorkommt, sehr wohl mitsammt ποιητήν ein er-klärender Zusatz des mißverstehenden Grammatikers sein kann, der die ganze Stelle zuerst auf andre Dichter bezog: πιστεύω δὲ μηδένα ἄλλον ποιητὴν ἐπιστήμονά τε εἶναι καὶ ἀν-δρεῖον, καὶ οὕτω δύνασθαι τοὺς φίλους ἐγκωμιάζειν, ὥσπερ ἐμαυτόν. Doch mag wirklich Moschopul sein ἄλλον (nicht sein ἤ) daher haben, wie er denn öfter ein beliebiges Wort

glücklichen Conjectur beruht) würde die ganze Concinnität der schönen Periode zerstören, und ἄλλον καὶ ist ebenso

---

aus den Scholien aufgriff, z. B. sein ἴσαεί Ol. X, 10 aus dem διαπαντός der Scholien; aber was wäre damit bewiesen? Nichts, als daß hier wieder einmal eine unglückliche Conjectur auf eine falsche Erklärung gepfropft wäre! — Nur die erste alte Paraphrase (die dritte corrupte und die vierte gehören zu den jüngeren Zusätzen und haben gar keinen Werth) ist genau und versteht die Stelle richtig: πεπίστευκα δὲ καὶ πέπεισμαι ἀκριβῶς, μηδένα με ἔτι Φίλον τῶν νῦν ἀνθρώπων ἐγκωμιάσαι τοῖς ὕμνοις, ἀμφότερα ἔχοντα, καὶ ἐπιστήμονα τὰ κατὰ ψυχὴν καὶ σώματος ἰσχὺν τούτου ἀνδρειότερον. Sie bestätigt den Accusativ mit dem Infinitiv anstatt des bloßen Infinitivs, das τε - καὶ, und den bem Comparativ vorangehenden und durch denselben ergänzten Positiv ἴδριν. — Zudem müssen Sie unsere älteste und einzige Ueberlieferung ἄμα καὶ als sehr stark verschrieben ansehn (was Ihrer eignen kritischen Theorie widerspricht), während ich nur der Annahme einer (zumal vor καὶ) sehr natürlichen, auch sonst nachweisbaren Verberbniß der selteneren dialectischen Form ἄμμε bedarf. — Daß ἄμα καὶ in den alten Paraphrasen vor Germanus nicht ausdrücklich wiederkehrt, schließt nicht aus, daß die zweite und dritte Paraphrase, da sie beide sehr ungenau und kurz sind, doch so gelesen haben; die erste hatte wohl noch ἄμμε vor Augen. Aber alle solche Hypothesen, welche auf balb dies balb jenes um der Erklärung willen zusetzende Paraphrasen gebaut find, halte ich für sehr gewagt. — Uebrigens ist δαιδαλώσέμεν der seltnere Inf. aor. I, wie ἀξέμεν und καταξέμεν bei Homer. Daher richtig ἔτι - ἐγκωμιάσαι die erste alte Paraphrase und ὅτι οὐδένα ὕμνησα die britte (auch gute Glossen ὑμνῆσαι, κοσμῆσαι), die zweite alte und zweite Thomanische haben den Iuf. praesentis; die vierte alte ὅτι ὑμνῶ; nur der Unheilstifter Moschopulos bietet den Inf. futuri, besgleichen die (bekreuzte) Moschopulische Glosse κοσμήσειν. Der Dichter spricht aber von Vers 100 an von gegenwärtigen und vergangenen Dingen, und schreitet erst mit Vers 107, 108 ff. zu den zukünftigen vor. Demnach ist πέποιθα ἄμμε μὴ δαιδαλώσέμεν (vielleicht ist mit dem Ambros. δαιδαλώσάμεν zu lesen, obwohl diese Form sonst nicht vorzukommen scheint) so viel wie *Nunquam profecto celebravimus*, wie P. III.

unmetrisch wie ἅμα καί; alle handschriftlichen Lesarten
aber lassen die Beziehung des Gedankens in unklarer
Schwebe. Zu schreiben ist offenbar ἅμμε καί, wodurch der
ganze Satz an Klarheit und Schönheit gewinnt, so daß der
Subjectsaccusativ — hier absichtlich nach πέποιθα einge=
setzt, um die Deutlichkeit zu vermehren — in der Mitte
des Infinitivsatzes eingeschoben wird, nach ächt Pindari=
scher Weise, wie z. B. gleich in der folgenden Ode πόλιν
Vers 93. Das seltnere Pronomen ἅμμε findet sich ebenso
an einer andern Stelle (Ol. IX, 106) in sechs sehr guten
Manuscripten (darunter Ambr. A und Par. G) in ἅμα
verderbt. — Vers 113 endlich ist ἐπ᾽ eine Byzantinische
Erfindung, da alle alten und Thomanischen Handschriften
ἄλλοισι ohne Präposition haben, außer dem Paris. A,
der ἐν vorsetzt, vermuthlich aus der Glosse, wie ἐν an sehr
vielen Stellen so vor dem Instrumentalis eingedrungen ist.
Dieser paßt besser als irgendwelche Präposition. Es mag
sich fragen, ob der vierte Vers der Epode nicht mit einem
Antibacchius (‒ ⏜ ⏑) statt mit einem Antispast (⏑ ‒ ‒ ⏑)
begonnen habe, da Vers 84 leicht πάντων für ἁπάντων,
55 τίμασαν für ἐτίμασαν geschrieben werden kann, und
Vers 26 πρόφρων oder ein anderes Epitheton zu Κλωθώ
statt Ποσειδᾶν, welches nach μεγασθενής Γαιάοχος überflüssig
und matt erscheinen könnte und von dem sonstigen Gebrauch
Pindar's abweicht.

Genug, das werden Sie mir einräumen müssen, daß
nach richtiger Prüfung dessen, was alte Ueberlieferung
und nicht bloße Interpolation ist, mindestens 10—12 er=

---

init. ἤθελον . . . (ἁμετέρας) . . . Χείρωνα ζώειν Utinam
Chiro viveret! — Aehnlich (nicht gleich) ist auch die Wiederholung
von με Ol. III, 9.

hebliche, auch den Sinn berührende Verderbniſſe übrig
bleiben, bei denen ohne Conjecturalkritik nichts zu machen
iſt. Ja, ich geſtehe Ihnen, daß die Rückführung metriſch
mißlicher Ueberlieferungen wie μναστῆρας und ἃ τέκε λα-
γέτας für mich größeres Bedenken hat als meine Conjecturen ϑέν νιν, ἄμμε καὶ u. ſ. w., obwohl ich gern, wenn
Sie oder andere Herren etwas Beſſeres wiſſen, nachgebe.
Die Ueberlieferung aber iſt ſicher falſch. Multipliciren Sie
nach dieſer Scala die Verderbniſſe in den übrigen Oden,
ſo ergeben ſich mindeſtens fünfhundert Stellen, bei denen
erhebliche Conjecturen nothwendig ſind. Dies ſchon iſt
keine „verſchwindend kleine Anzahl,“ und ſie würden ſich,
wenn wir verſchiedenartigere alte Quellen durchweg beſäßen,
wahrſcheinlich zu Ihrem Schrecken auf das Doppelte vermehren. Denn meine Erfahrung ſagt mir, daß bei Pindar,
je ältere und beſſere Manuſcripte man vergleicht, deſto mehr
alte varia lectio, über- und beigeſchrieben, zu Tage kommt.
Beiſpiele davon in Ol. I bieten Vers 10 ἱκόμενοι und ἱκομένους (ἱκομένοις ſcheint nur Moſchopuleiſch); V. 23 Συρακόσιον und Συρακοσίων; V. 28 ϑαῦμα τὰ πολλὰ, ϑαύματα
πολλὰ, ϑαυματὰ πολλὰ; ebendaſelbſt φάτις und φασὶν
(wohl nicht auch φάτιν); V. 60 ἀϑανάτων und ἀϑανάτους;
V. 82 τά und τί; V. 100 βροτῷ und βροτῶν; V. 104
κυριώτερον und καιριώτερον; V. 105 δαιδαλωσέμεν und
δαιδαλωσάμεν. Hiezu iſt das V. 50 in zwei Handſchriften
ſtehende δεύματα nicht zu rechnen; es iſt ein bloßer Schreibfehler. Das allein in den Scholien und allen übrigen
Manuſcripten überlieferte δεύτατα, dieſe crux interpretum,
erklärte ſchon Caſaubonus im Weſentlichen richtig, welches, wie ich mit Vergnügen ſehe, auch Ihre Meinung iſt.
Nur faſſe ich δεύτατα allein als Adverb und verbinde ἀμφὶ
mit τραπέζαισι. Ich hoffe darin auf Ihre Beiſtimmung,

wenn Sie bie weitere Beweisführung in meiner Ausgabe gelesen haben werden.

Sie werden es nicht für eine neue Methode erklären wollen, hie und da eine Byzantinische Emendation weniger, eine altüberlieferte Lesart mehr anzunehmen, bald eine ältere, bald eine neuere Conjectur zu billigen, ohne eigene dazuzuthun. Ebensowenig neu ist das Erkennen verschiede= ner Schreibungen in den alten Scholien, sondern es haben sich dieses Mittels nicht nur Ceporinus und besonders Erasmus Schmid, sondern auch bereits die Byzantini= schen Kritiker bedient, auch in verkehrter Weise, wie sie z. B. O II, 55 ihr falsches ἀλαθινὸν dem ἀληθινὸν der alten Paraphrase entlehnten, und O X (XI), 10 aus dem διαπαντός der Scholien ἐσασι einsetzten, obwohl dies sehr matt und überflüssig ist, und διαπαντὸς dort bloß, wie oft (z. B. Ol. IX, 120 vulg. p. 223, Zeile 25), interpretato= rische Bedeutung hat und den Satz ἐκ θεοῦ δ'ἀνήρ u. s. w. als einen allgemeinen Gedanken charakterisiren soll. Die in drei der vorzüglichsten alten Handschriften (Par. G, Ambr. G, Leid. C) überlieferte, die metrische Lücke der übrigen alten Cod. richtig ausfüllende Lesart ὁμῶς ὦν ἴσθι νῦν, welche die Byzantiner nicht kannten *), paßt vortreff= lich. Diese Zeugen freilich irren insofern, als sie ὅμως für das seltnere ὁμῶς betonen; ὁμῶς ist poetisch soviel wie ὁμοίως, und durch ὁμῶς ὦν wird von den allgemeinen Sätzen der Uebergang zum concreten Fall gemacht. Aehn= lich steht z. B. Ol. VIII, 56 καὶ Νεμέᾳ γὰρ ὁμῶς d. i. „Und ingleichen ja zu Nemea.“ Man könnte nun „in= gleichen also“ auf ἐκ θεοῦ allein beziehen, doch halte ich es

---

*) Sie besaßen offenbar weder vom Ambr. A., noch von Par. G, Leid. C. Ambr. G. Kunde.

für beſſer, die Partikeln zu dem ganzen erſten Theile des
kleinen Gedichtes in Verhältniß zu ſetzen, ſo: „Wie Wind
dem Schiffer, Regen dem Landmann, ſo iſt Lobgeſang dem
Wettſpielſieger nöthig und nützlich. Solch ein Lob gebührt
namentlich dem Olympiſchen Sieger; ſolches Lob will meine
Zunge verwalten; von Gott aber kommt die Kraft der Be=
geiſterung in das Gemüth des Dichters. Ingleichen
alſo jetzt für dich, Sohn des Archeſtratos, wiſſe, daß ich
ſingen will u. ſ. w.‟ d. h. wie allen andern Olympiſchen
Siegern ein herrliches Loblieb gebührt, ſo ziemt es in glei=
cher Weiſe (pariter) jetzt auch dir, Ageſidamos, von mir
u. ſ. w. — Was hieran dunkel ſein ſoll, verſtehe ich nicht.
Ich meinte, dieſer Sinn läge ſo auf flacher Hand, daß
ich nicht nöthig hätte, den Gedankenzuſammenhang des
Breiteren darzulegen. Das διαπαντός der Scholien hatte
ich allerdings überſehen, aber es macht das Byzantiniſche
Einſchiebſel ἐσαεί um kein Haar beſſer. ὁμοίως zu leſen *)
weiß ich von methodiſcher Seite nicht zu billigen, da es heißt
ein den Scholien entlehntes proſaiſches Aequivalent für das
ſeltnere ὁμῶς einſetzen, dieſes aber mitſammt dem ebenfalls
nur poetiſch=Pindariſchen ὧν verwerfen, obwohl beides in
drei ſehr guten Manuſcripten ſteht, die keinen Verdacht me=
triſcher Interpolationen rege machen, im Gegentheil beſon=
ders in der Versabtheilung ganz ohne Regel ſind. Auch
die Lesart ἴθι οὖν im Lemma des vierten Mediceus könnte
das ὧν unterſtützen. Vermuthlich fiel in dem als κῶλον
ungewöhnlich langen vierten Verſe der Antiſtrophe erſt aus
Verſehn ὧν weg (wie aus demſelben Grunde in dem ent=

_____

*) Böckh und Bergk haben mir dies brieflich als ihre nach mei-
nen Mittheilungen in den Scholiis Germani gewonnene Anſicht mit-
getheilt.

sprechenden Verse der Strophe das letzte Wort ὕμνοι in einigen Drucken), so daß nun die Scholiasten, über die Beziehung des ὁμῶς in ein Schwanken gerathend, zu dem Irrthum verleitet wurden, ὁμῶς, welches sie richtig durch ὁμοίως erklärten, mit dem vorhergehenden Satze zu verbinden, während, so wie ὦν bastand, über Sinn und Interpunction kein Zweifel sein konnte.

Doch dies im Vorbeigehen. Ich wüßte also an der hergebrachten Methode nichts Wesentliches auszusetzen. Denn obgleich ich im Allgemeinen leugne, daß die Byzantinischen Kritiker im Besitz älterer und besserer Textquellen waren, als uns jetzt zu Gebote stehen, so nimmt dies nicht weg, daß sie nicht manchmal durch Conjectur das Richtige trafen, wie denn ihre Arbeit, im Ganzen betrachtet, eine sehr fleißige, sorgfältige und dankenswerthe ist. Auch das ergiebt keine wesentliche Aenderung der kritischen Methode, daß unsere neueren Herausgeber das Lemma des Scholiasten (welches geringe Autorität und im Ganzen wenig Selbstständigkeit hat, auch von dem ersten Herausgeber der alten Scholien oftmals interpolirt ist) nicht selten mit der Lesart des Scholiasten verwechseln und auf das Lemma ein zu großes Gewicht legen. Dies sind doch nur Nebendinge.

Erwägen Sie schließlich einen uns deutlich vorliegenden Fall aus der neueren Literaturgeschichte, die Shakespearekritik. Hier sind die Textquellen Ausgaben, die theils bei Lebzeiten des Verfassers, theils wenige Jahre nach seinem Tode mehr oder weniger direct vom Originalmanuscript abgedruckt worden. Dennoch verschlechterte sich, wie ich an einem Stücke umständlich nachgewiesen habe, bei nur fünf bis sechsmaliger Wiederholung binnen hundert Jahren durch zufälliges Verdrucken und Schlimmbesserung der Setzer und Correctoren der Text so sehr, daß er, wären

jene erſten Quellen verloren gegangen, nur durch eine auf
Vorausſetzung ſolcher Irrungen beruhende Conjecturalkritik
hätte wiederhergeſtellt werden können. Die erſten Kritiker
gingen meiſt ganz unmethodiſch und ſehr gewaltſam zu
Werke, aber daß der Text vielfach verderbt war, darin hat=
ten ſie ganz Recht. Wie viel mehr mußte dies der Fall
ſein, wo die Tradition nur auf Abſchriften beruhte! Als
alſo, einige hundert Jahre nach Pindar's Tobe, die erſten
Alexandriniſchen Kritiker an dieſe Gedichte Hand anlegten,
waren ohne Frage ſchon manche zufällige und balhorni=
ſirende Verderbniſſe eingedrungen, wovon ja auch unſre
Commentare Spuren genug aufweiſen, und, wenn wir ſie
vollſtändiger und ſelbſt unverderbter beſäßen, ohne Frage
noch weit mehr aufweiſen würden. Obwohl alſo auch ſie,
Zenobot vornemlich, zuerſt ſehr gewaltſam verfuhren, ſo
war ihre Vorausſetzung, daß der Text verderbt ſei, gewiß
ganz richtig. Und nun die mehr als tauſendjährige Zwi=
ſchenzeit zwiſchen der Alexandriniſchen Kritik und unſern
älteſten Handſchriften! die geringe und verwirrte Kunde
über die Leſung jener erſten Kritiker, die uns in lücken=
haften, oft widerſprechenden, jeder Interpolation zugängli=
chen, lieberlich aufbewahrten Fragmenten von Erklärungen
und Umſchreibungen erhalten iſt! — Es bleibt, ſelbſt
wenn wir nur die letzte Alexandriniſche Recenſion herſtellen
und auf alles Vor=Didymeiſche verzichten wollten, nur ein
aus Urkundlichkeit und Divination gemiſchtes Verfahren
als möglich übrig. Daß wir bei Pindar beſſer daran ſind
als bei den Chören der Tragiker, weil dort das Metrum
ſich öfter wiederholt und mehr feſtſteht, leugne ich nicht;
das iſt aber nichts Neues.

Wenn Sie nun Recht hätten, daß die Conjectural=
kritik bei Pindar wenig oder gar nichts zu thun habe, ſo

könnte mir das persönlich sehr schmeichelhaft sein, da mein Bestreben hauptsächlich dahin geht, nachzuweisen, was und wo dieses überliefert ist, womit ja dann nach Ihrer Ansicht fast Alles gethan wäre. Ich muß aber diesen Ruhm von mir ablehnen. Die Ausgabe, welche jetzt im Drucke befindlich ist, giebt der Kritik nur eine neue und, wie ich glaube, sichere Grundlage, welche die Nothwendigkeit durch bessere Conjecturen als man sie im 14. und 15. Jahrhundert zu machen pflegte, dem Text aufzuhelfen erst recht klar macht. Daß ich auch hiezu nach Kräften und Umständen Einiges beitragen werde, sehen Sie aus obigen Beispielen; ich werde aber Ihnen und Andern noch sehr viel auf dem Gebiete der Conjecturalkritik zu thun übrig lassen.

II.

Ich komme nun zu dem zweiten Theile Ihrer methodischen Neuerungen, worin Sie freilich in unsern Tagen nicht allein stehen, sondern recht viele Anhänger haben werden. Sie meinen, jedes Pindarische Gedicht erkläre sich selbst. Das wäre freilich sehr angenehm, denn dann brauchen wir es nicht zu thun. Doch Scherz bei Seite! Sie meinen und sagen, es sei verkehrt, Verhältnisse der Wirklichkeit, die außerhalb des Gedichtes lägen, theils aus den alten Scholien, theils aus der Geschichte und eigner Vermuthung zur Erklärung herbeizuführen. Hier haben Sie von vornherein — wie auch bei dem vorigen Puncte — die Beweislast. Denn da Pindar's Epinikien nicht abstracte lyrische Gedichte, sondern für bestimmte Personen und bestimmte Veranlassungen geschriebene Festgedichte sind, so sollen Sie es uns glaublich machen, daß der Dichter dieser Siegslieder es den nach zweitausend Jahren lebenden Bar-

baren so bequem gemacht habe, sie ohne Kenntniß der Per=
sonen und Verhältnisse oder der näheren Umstände des
Kampfes und Sieges aus der bloßen „poetischen Nothwen=
digkeit" heraus verstehen zu können. Wir werden Ihnen
einwenden, daß bei einer ganzen Reihe von Dichtern aller
Völker und Zeiten, deren Poesie Personen und Verhältnisse
der wirklichen Welt berührt, also bei Horaz, Walther von
der Vogelweide, Dante, Shakespeare (Sonette), Spenser,
Milton, Béranger, wir keineswegs mit der „poetischen
Nothwendigkeit" und den innerhalb des einzelnen Gedichtes
gemachten Andeutungen auskommen, sondern daß wir durch
Umschauen in der Geschichte und Literatur, sowie durch
Vermuthungen und Schlüsse aus dem Zusammenhang auf
sonst unbekannte facta hie und da Licht zu gewinnen ver=
meinen, daß wir jedoch mit dieser unsrer Forschung und
Weisheit keineswegs ausreichen, sondern über viele Stellen
und ganze Gedichte, weil wir die nähern Umstände und
Bezüge nicht nachweisen können, mit unserm epigonischen
Verständniß rathlos im Dunkeln tappen. Sie erinnern
sich der Ode Klopstock's

Ebert, mich scheucht ein trüber Gedanke vom blinkenden Weine
Tief in die Melancholen,

und werden wohl nicht ableugnen, daß, obwohl dies Ge=
dicht kein eigentliches Gelegenheitsgedicht ist, wir doch nur
ein oberflächliches Verständniß ganzer Partien haben wür=
den, wenn wir von den darin genannten Personen nichts
weiter wüßten, als was das Gedicht selbst darüber mittheilt.
Oder wie wäre es mit der Ramler'schen Ode „Schäme dich,
Camill!" wenn wenn wir nicht bloß vom tapfern Camillus,
sondern auch vom siebenjährigen Kriege und dessen Einzel=
heiten nichts wüßten? Oder wie mit Göthe's „Harzreise
im Winter," wo uns zwar sogleich die Schönheit einzelner

Gedankenreihen einleuchten, aber ohne nähere Kunde der
Veranlassung so gut wie Alles in Bezug auf Zweck und
Zusammenhang des Ganzen entgehen würde? Nimmt man
Ihre Worte: „In dem Gedichte selbst ist überhaupt
Alles enthalten, was zur Erklärung desselben
nothwendig ist," streng, so würde z. B. zum Verständ=
niß der ersten Pythischen Ode von den darin erwähnten
Schlachten bei Salamis und Platää, bei Kyme und am
Himeras nicht das, was die Geschichtsschreiber davon be=
richten, zu wissen nothwendig sein. Ebensowenig brauchten
wir uns darüber Sorge zu machen, was Pindar im An=
fang der siebenten Isthmischen Ode mit dem Steine des
Tantalos gemeint habe, noch ob der am Ende desselben
Liebes erwähnte Nikokles damit zusammenhange, da das
Gedicht selbst weder das Eine noch das Andre aufklärt,
sondern gänzlich im Dunkeln läßt. Wer der in Ol. VI
aufgeforderte Aeneas oder der am Ende von Nem. IV. er=
wähnte Euphanes sei, wie jener sich zum Dichter, dieser
sich zum Sieger und dessen Oheim Kallikles verhalten habe;
wie es mit den Siegen des Melesias in Ol. VIII oder mit
dem am Ende von Pyth. IV erwähnten Damophilos be=
wandt gewesen sei, wird keineswegs aus dem Gedichte allein
deutlich. Aehnlich ist es mit hundert andern wirklichen
Personen, und realen Umständen des Sieges, der Familie,
des Vaterlandes, über die das Gedicht nur kurze und leise
Andeutungen enthält. Es ist mir immer so vorgekommen,
als ob diese eben deshalb so kurz und undeutlich seien,
weil Jedermann, der zuhörte, die Sache oder die Person
vollkommen kannte und als ob, wenn wir ebenso kundig
wären, wir ebenso leicht jede Beziehung verstehen würden.
Sie müssen nun entweder die vorhandenen Andeutungen
alle für vollkommen ausreichend zum Verständniß des Gan=

zen halten — und da haben Sie die Last eines sehr schwe=
ren Beweises — oder alle jene Beziehungen auf Personen
und Sachen der wirklichen Welt als gleichgültig ansehen
und einem Dichter ersten Ranges eine Menge nichtsbedeu=
tender Passagen, also künstlerischer Fehler, aufbürden. Ich
gestehe, daß ich weder das Eine noch das Andere begreife,
und glaube, daß Pindar wohl im Ganzen von den damals
lebenden Syrakusanern, Aegineten, Thebanern u. s. w., nicht
aber von den jetzt lebenden Berlinern, Oldenburgern u. s. w.
hat ohne sachliche Hypothesen verstanden sein wollen.

Aber Sie wünschen vermuthlich nicht, daß man Ihre
Worte so genau nehmen solle, und meinen nur, daß, wie
große Dunkelheit auch manche der erwähnten Personen und
Sachen für uns hätten, die in die Gedichte eingeflochtenen
Sagen und Mythen nichts mit dieser Dunkelheit zu
thun hätten, sondern lediglich aus den Gedichten selbst,
nicht aus außerhalb derselben liegenden bekannten oder er=
sonnenen Verhältnissen zu erklären seien. Dann freilich ist
Ihre Behauptung nicht wesentlich von der anderer Erklärer
verschieden. Sie hat aber von vornherein das gegen sich,
daß, wenn wir für den nichtmythischen Theil der Epinikien
der Annahme wirklicher Verhältnisse bedürfen, nicht recht
einzusehen ist, warum nicht dasselbe Mittel auch auf die
stellenweise allem Anschein nach unerklärliche Zusammen=
hangslosigkeit der eingewebten Mythen mit der Veranlas=
sung des Gelegenheitsgedichtes anzuwenden sei. Ich denke
mir die Sache so. Aus dem unendlich reichen Schatze der
griechischen Sagenwelt, bei der verschiedenen Gestaltung, in
der dieselben Erzählungen im Volksmunde umliefen oder
von den Dichtern ausgeführt waren, bei der Freiheit,
die jeder Dichter sich vindicirte, daran im Einzelnen zu
ändern, bot sich dem Lyriker für ganz bestimmte Verhält=

niffe und Thatfachen leicht ein paßlicher Sagenstoff dar.
Aber es waren keine Geburtstags= und Leichencarmina für
Freunde und hohe Gönner des Dichters; die Sieger waren
keine bloße Privatperfonen, fondern gehörten eben durch
diefe Siege in den großen Helleniſchen Feſtſpielen nicht
nur ihrem ganzen heimiſchen Staate, fondern ganz Griechen=
land an. In dieſem öffentlichen Charakter der Veran=
laſſungen liegt nicht nur die hohe Bedeutung dieſer Ge=
dichte, welche fie weit über das zweifelhafte genus der Feſt=
cantaten hinausgehen läßt, fondern auch unſre Berechtigung
für gewiſſe erzählende Partien, deren Zweck und Bedeutung
dunkel ſcheint, uns in den öffentlichen Verhältniſſen der
Heimath des Siegers umzuſehen. Pindar ſelbſt lebte in
einer großen Zeit; ein ſo bedeutender Menſch konnte nicht
umhin, auch ein politiſcher Charakter zu ſein. Er nahm
es ernſt mit der Religion, ernſt mit der Sittlichkeit, ernſt
mit dem Staate. Das bezeugen hunderte von Stellen.
Das Volk der Hellenen war noch jugendlich, friſch und
ſtark. Die Tugend war noch nicht geächtet und Wahrheit=
ſagen galt nicht für Verbrechen; die Frömmigkeit war noch
keine Larve der rohen Selbſtſucht; zweideutiges Hinundher=
laviren zwiſchen den Parteien wurde nicht als Summe aller
Weisheit geprieſen. Freilich, hätte er unter dumpfen Bären=
häutern gelebt, die jeden Fußtritt vom Auslande mit ſchuldi=
gem Reſpect hingenommen hätten, die in erbärmlichem Hader,
in kleinlicher Großthuerei mit nichtigen Dingen, in Feigheit
und Lüge verkommen wären, ſo hätte auch er mitſammt
ſeiner Dichtung in abſtracter Zuſammenhangsloſigkeit über
den armſeligen Streitigkeiten ſeiner Zeit ſchweben mögen.
Aber es war die Zeit der Perſerkriege, und die dar=
nach folgende ſchwunghafte des Meſſens der Kräfte zwiſchen
Volk und Adel; körperliche und geiſtige Fähigkeit, Muth

und Entschlossenheit auf beiden Seiten im reichsten Maaße, er aber mit voller Entschiedenheit auf Seiten des Adels, eines reichen, mächtigen, selbstbewußten Adels, der nicht seine Ehre darin suchte, an einem Fürstenhofe den gehorsamen Diener, oder auf Kosten des mit Steuern belasteten Bürgers den großen Mann zu spielen. Dergleichen Entwürdigung der menschlichen Natur lag dem damaligen Griechenthum so fern wie Asiatische Barbarei. Unter solchen Verhältnissen konnte ein edler Dichter wohl Aristokrat sein. Wer aber diese stolze Entschiedenheit der Parteinahme bei Pindar und Aeschylos verkennt, begiebt sich freiwillig des besten Theils der Gesammtauffassung.

Darüber läßt sich allerdings in mehr als einem Falle streiten, wie weit man den realen Verhältnissen eine Beziehung auf die Einzelheiten der Sagenerzählung einzuräumen vermag; auch darüber, ob man lieber besondere Privatumstände oder öffentliche Verhältnisse herbeizuziehen habe. Daß aber auch letztere in Frage kommen, zu leugnen halte ich für unmöglich. Ich bin neugierig, wie Sie eins der herrlichsten Bruchstücke der Hellenischen Verlassenschaft *), die siebente Isthmische, die nach meiner Meinung von Anfang bis zu Ende politisch ist, aus der „poetischen Nothwendigkeit" erklären wollen, oder was Sie nach Ihrer Methode mit dem Schlußsysteme der zweiten Pythischen ohne außerhalb derselben liegende Annahmen machen wollen. Meine in jüngeren Jahren angestellten Erklärungsversuche sind zwar nur Hypothesen, aber ich halte sie für weniger gewagt als den neulich, wie mir scheint, nicht allzuglücklich gemachten Versuch die **künstlerische Entwickelung**

---

*) Denn was ist herrlicher als die Leiden und Freuden einer Nation in einer großen und reinen Seele wiedergespiegelt zu sehen?

Pindars darzustellen. Wie kann dies gelingen, da über das Verständniß der einzelnen Gedichte noch so viel Dunkel herrscht und wohl immer herrschen wird, da wir kaum den zehnten Theil der Werke des Dichters, und sonst kein einziges vollständiges Gedicht der eigentlichen Lyrik, der in allen Literaturen bei weitem schwierigsten Dichtungsart, besitzen? — Die phrasenhafte Weitschweifigkeit solcher Entwickelungen des Kunstcharakters aus räthselhaften, einer weit entlegenen Welt angehörigen Fragmenten führt, glaube ich, viel weiter vom Ziele ab — das Ziel aber ist Wahrheit — als die Versuche durch Hypothesen die einzelnen Gedichte zu erklären oder durch Conjecturen die schweren Stellen zu bessern. Man hat den Text herzustellen, zu erläutern, zu übersetzen, man kann auch über einen Künstler philosophiren; aber jene halb=ästhetischen, halb=kritischen, halb=exegetischen, halb=übersetzenden anspruchsvollen dicken Bücher über Bücher mögen im Einzelnen (was ich auch bei dem Buche quaestionis bereitwillig anerkenne) noch so Schätzbares leisten, als Ganzes kann ich sie nicht billigen. Könnte doch das wirklich der Wissenschaft darin Förderliche auf einen weit geringeren Raum zusammengedrängt werden! — Nicht minder verfehlt sind die neueren Uebersetzungen, die ganz geschmacklose Hartung'sche, die darnach angefertigte flache Donner'sche, welche den unpindarischsten Pindar, in den ich jemals hineingeblickt habe, darbietet; endlich die ganz schiefen Versuche in Reimen. Wilhelm v. Humboldt und Thiersch, Männer, welche wahrhaft vom Geiste des Alterthums erfüllt waren, mögen sich im Grabe umkehren, ihren alten Liebling so zur genießenden Bewunderung jedes beliebigen Biedermannes erniedrigt zu sehen. Der Biedermann gewinnt auch nichts dabei, da jeder Einsichtige ihm sagen muß, daß was ihm so als Pindar 2c.

eingehändigt wird, nur ein lügenhaftes Scheinbild ist. Er wird durch eine gute Version in Prosa, wie Gurlitt sie anfing, immer noch eine weniger falsche Vorstellung gewinnen. Der Uebersetzer soll nicht den Dichter zum „gebildeten Publicum" herunterübersetzen, sondern er soll dasselbe zu ihm heraufzuübersetzen streben. Insofern waren die älteren Versuche, meine ich, troß mancher Härte und Dunkelheit, besser; sie bemühten sich wenigstens, die wundervolle Großartigkeit dieser Lieder, die ja nicht bloß Wort- und Gedanken-, sondern im allerhöchsten Maaße auch Tondichtungen sind, in deutscher Sprache abzubilden. Hievon ist der würdevolle Schwung der langgemessenen rhythmischen Reihe untrennbar. Wie konnte man, nachdem dies einmal gefunden war, zur widrigen Armseligkeit der zerstückelten Verse zurückkehren! Das sett voraus, daß man von der Ganzheit einer solchen höchsten Schöpfung der musikalischen Rede überhaupt gar kein Gefühl erworben hat. Und doch handelt es sich wie bei allem Uebersetzen, so namentlich bei dem innerlichsten genus der Dichtung, der Lyrik, weit mehr um eine richtige Auffassung und Wiedergabe des Gesammtcharakters, als um ein einzelnes Mißverständniß, eine einzelne Härte, Dunkelheit u. s. w. Verläßt man nun gar das fremde Versmaaß, so reißt man seinem Poeten gleich von vornherein die Seele aus dem Leibe. Also sehe ich meinen aufrichtig gemeinten Wunsch, daß bald mein Meister kommen möge (1846, Vorrede zur Uebersetzung), nicht nur nicht in Erfüllung gegangen, sondern ich finde, daß man im Wiederspiegeln der großartigen Dichtung die positivsten Rückschritte zur Flachheit und Rohheit macht. Genug, genug, mein werther Freund! wir werden unsre Zeit nicht curiren: παλαιὰ γὰρ εὕδει χάρις, ἀμνάμονες δὲ βροτοί.

3

III.

Und sein Sie nur nicht bange! Alles hat einmal ein Ende: Freundschaft, Liebe, die Geduld des deutschen Volkes, Sonnenschein in — O dolce Napoli! —, Regenwetter in Oldenburg und Delmenhorst — also auch dieser Brief. Aber Eins Ihnen mitzutheilen kann ich nicht unterlassen, und damit sollen Sie denn auch erlöst sein.

Ich habe in mehreren der besten und ältsten Handschriften Abweichungen von der althergebrachten Versabtheilung beobachtet, welche mir Spuren der von Böckh eingeführten längern Verse ungebrochenen Wortes zu sein scheinen. Erstlich im Ambrosianus A. Dieser hat nicht durchgehend dieselbe Versabtheilung wie die meisten andern veteres, in denen im Ganzen nur nach den traditionellen kurzen Versen mit gebrochenem Worte (den καλοις) abgetheilt ist, welche dann von den Byzantinern ein wenig rectificirt wurden. Bei dem sehr breiten Format (Royalfolio) stehen meistens drei bis vier durch Zwischenräume getrennte κῶλα in einer Zeile nebeneinander; oft geht auch das letzte κῶλον in die nächste Zeile hinüber, so daß das Ende der Zeile hier kein sicheres Criterium für das Ende des κῶλον ist. Wenn ich also durch doppelten Verticalstrich den Zeilenschluß, durch einen Horizontalstrich die verstrennende Lücke der Handschrift bezeichne, so stehen die Verse Ol. VI, 155—163 vulg. im Ambr. A folgendermaßen auf drei Zeilen vertheilt:

|| κρατῆρ ἀφθόγγων (ϳο) ἀοιδᾶν. — εἶτον δὲ μεμνᾶϑαι
συρακουσᾶν τε καὶ ὀρτυγίας. — τὰν, ἱερῶν καϑαρῶ ||
σκάπτω δίσκων. — ἄρτια μηδόμενος; Φοινικόπεζαν —
ἀμφέπει δάμητρα, λευκίππου τε || ϑυγατρὸς ἑορτὰς (ϳο),
— καὶ ζηνὸς αἰτναίου κράτος. ἀδύλογοι — δέ νιν λύ
ραι μολπαί τε γινώσκοντι. μὴ ||

Das Merkwürdigste hiebei ist, daß oft mehrere κῶλα in eine περίοδος zusammengezogen sind, und wenn auch meistens so, daß nur ein Theil der von Böckh angenommenen Reihe sich zusammengeschrieben findet, doch in folgenden 31 Fällen genau der Böckh'schen Eintheilung gemäß: Ol. II, 76 (138 139), 99 (179 180). III, 29 (52 53), 42 (75 76), 43 (77 78). VI, 1 (1 2), 8 (12 13), 11 (16 17), 15 (23 24), 22 (37 38), 32 (52 53), 42 (71 72), 43 (73 74), 46 (77 78), 53 (88 89), 61 (104 105), 64 (109 110), 71 (120 121), 74 (124 125), 78 (131 132), 92 (156 157) siehe oben, 95 (160 161) siehe oben. VII, 21 (38 39), 32 (58 59), 45 (82 83), 49 (89 90), 70 (128 129), 83 (152 153). VIII, 60 (78 79). IX, 42 (64 65), 97 (146 147). — Zu Ol. IX, 125 und 134 vulg. bemerkt das Scholion, wie bekannt, τά β᾽ μία ἐστὶ περίοδος, und im Text findet sich dort die Zeile:

‖ τιμάορος ἰσθμίαισι — λαμπρομάχου μίτραισιν. ὅτ᾽ ἀμφότεροι — κράτησαν μίαν ἔργου (so) ἀν᾽ ἀμέραν ‖ hier: ‖ κατὰ κόλπον — ἄργει τ᾽ἔσχεθε κῦδος ἀνδρῶν. — παῖς δ᾽ἐν ἀθάναις. οἷον ἐν μαραθῶνι, συλαθείς ‖ ἀγενείων — μένεν ἀγῶνα u. s. w.;

so daß dort freilich weder die gewöhnlichen κῶλα noch die Böckh'schen περίοδοι erscheinen, hier aber die beiden κῶλα 134 und 135, von denen das Scholion spricht, richtig zusammengeschrieben sind, nur daß ihnen aus Versehen auch noch ein drittes κῶλον (133) angehängt ist. — Beachtet man nun den Standort jener 31 Reihen, so findet man, daß darunter fast die Hälfte (13) Anfangsverse von Strophen, Antistrophen oder Epoden sind. Ich halte dies für einen merkwürdigen Ueberrest der alten neben der Abtheilung in κῶλα vorhandenen längeren Versperioden, und vermuthe, daß diese ursprünglich auch in den Manuscripten

auf irgend eine Art bezeichnet waren, die sich beim Anfang
der Strophen u. s. w. noch länger deutlich muß erhalten
haben als im Innern derselben. Doch zeigt sich, daß auch
der vierte aus zwei κώλοις bestehende Vers der Strophe
und Antistrophe von Ol. VI sechsmal richtig im Ambrosianus erhalten ist.

Zweitens habe ich ein ähnliches Zusammenziehen der
Glieder zu Reihen einzeln auch in andern guten und
alten Handschriften gefunden, oft verkehrt, z. B. Pyth. VIII,
4 5 vulg. im Vaticanus B; Ol. VI, 62 63 und Pyth. II,
117 118 in vielen Manuscripten; aber auch in Ueberein-
stimmung mit Böckh. So im Gottingensis Ol. IX, 4
(6 7); im Mediceus B Pyth. VIII, 98 (140 141); im Pa-
risinus A Pyth. IX, 32 (56 57). XII, 9 (15 16). Nem.
IV. 46 (73 74), 53 (86 87), 65 (105 106); im Med.
C Pyth. VIII, 58 (82 83). IX, 54 (72 73); im Med. D
(dem compagno zum Palatinus C) Pyth. IX, 121 (214
215); im Med. E (einem der besten codices, die ich kenne)
Pyth. IX, 4 (4 5), 90 (159 160); im Med. C und E
Pyth. IX, 40 (71 72). XI, 5 (8 9), 58 (87 88). XII,
17 (29 30), 18 (31 32); im Med. E und D Pyth. III,
69 (122 123). — Diese Fälle stehen zwar sehr vereinzelt
da, beruhen aber schwerlich auf bloßem Zufall. Andre
gute Handschriften, z. B. die beste Wiener (Caes. A) bieten
die umgekehrte Erscheinung dar, daß manche einzelne κῶλα
noch einmal in zwei Hälften zerlegt sind; ebendaselbst ist
auch der Schluß jeder Strophe von Pyth. VIII regelmäßig
(also zehnmal) anders als gewöhnlich abgetheilt. — Uebrigens hat die Epode des dritten Nemeischen Liedes in den besten und ältsten Manuscripten (Vat. B, Med. B, Par. A),
wie auch in der hier dem Vaticanus entstammenden editio
Romana zwar nicht die fünftheilige Böckh'sche Reihen-

ordnung, wohl aber durchweg die von G. Hermann em=
pfohlene a chttheilige Gliederung; bei weitem seltner die
(nach Vorgang der Aldina und Brubachiana) von Er.
Schmid eingeführte eilftheilige Zerstückelung der Byzanti=
nischen Metriker. Dieser Fall bildet für die erste und dritte
Reihe der genannten Epode ein Analogon zu der ersten
und vierten Reihe der Strophe und Antistrophe von Ol.
VI im Ambrosianus. Hier hat die Tradition die περίοδοι
noch nicht ganz unkenntlich gemacht, so wie sie im vierten
und sechsten Verse der Strophe und Antistrophe von Ol.
X (XI) in allen Manuscripten erhalten sind.

Drittens giebt es eine eigne Handschriftengattung
bester Art — dieselbe, aus welcher die Ergänzung der
Lücke Ol. X, 10 stammt — welche überhaupt ganz anders,
wie es scheint fast willkürlich, um nur die Verse äußerlich
ungefähr gleich lang zu machen, abtheilt: Ambr. G, Leid.
C, Perusinus, vielleicht auch Paris. G, aus dem ich keine
Versabtheilungen notirt habe. So beginnt Ambr. G:
| ἄριστον μὲν ὕδωρ. ὁ δὲ χρυσὸς, αἰθόμενον πῦρ | ἄτε,
διατρέπει, νυκτὶ μεγάνορος, | ἔξοχα πλούτου. εἰ δ'ἄεθλα
γαρύεν, | ἔλδεαι Φίλον ἦτορ | μηκέτ' ἀελίου, σκόπει ἄλλο |
θαλπνότερον ἐν ἀμέρα, Φαεινὸν | ἄστρον ἐρήμας δι' αἰθέ-
ρος, | μὴ δ'ὀλυμπίας ἀγῶνα | Φέρτερον, αὐδάσομεν | ὅθεν
ὁ πολύφατος ὕμνος ἀμφιβάλλεται, | u. s. w. Die manus
secunda hat überall die gewöhnliche Abtheilung der κῶλα
bezeichnet. Man sieht, daß dabei auch manche Böckh'sche
Reihen erscheinen; so habe ich aus dem in Perugia befind=
lichen Codex (den ich sehr genau verglichen habe) an richti=
gen Bindungen in den vier ersten Pythischen notirt: Pyth. I,
47 (91 92). III, 55 (97 98). IV, 4 (6 7), 12 (20 21),
92 (163 164), 104 (184 185), 189 (336 337). Auch
unter sich stimmen diese Manuscripte keineswegs überein.

Eine derartige Willkür (die sich nur selten außerhalb dieser Gattung findet, z. B. in Ol. I und II in Med. B und C) macht es um so unwahrscheinlicher, daß gerade hier me=trische Interpolationen zu suchen seien, was ich um Ol. X, 10 willen bemerke.

Viertens ist bei all diesem Zusammenschreiben und Aendern der Verstrennung deutlich zu erkennen, daß es mit dem Vermeiden der Wortbrechung zusammen=hängt. Denn es sind überhaupt in den alten Manuscrip=ten weniger Wörter gebrochen, als in den interpolirten Classen. Im Ambr. A und in der zuletzt genannten Hand=schriftengattung ist dieser Unterschied sehr bedeutend, so daß z. B. in Ol VII jener 13--14, diese (im Ambr. G) 17 Wortbrechungen hat, während die gewöhnliche Einthei=lung deren 42 erfordert. In Ol. IX hat Ambr. A nur 7, Ambr. G 21—22 Wortbrechungen, während die vulgata 33 darbietet. Eine natürliche Abneigung gegen das Zer=reißen des Wortes in zwei Hälften mag hier eingewirkt haben; aber dieser Grund genügt nicht, um das einzeln constant wiederkehrende Zusammenschreiben der kleineren χῶλα, auch da, wo die Trennung kein Brechen des Wortes nöthig macht, zu erklären, namentlich nicht für Ambr. A. Ueberhaupt wäre es ein seltsamer Zufall, wenn gerade die sonst beste und älteste Handschrift von Ungefähr auch die wenigste Wortbrechung hätte. Hieburch also gewinnen wir eine indirecte Bestätigung der Böckh'schen Versabtheilung. Möge der werthe Altmeister, wenn er dies liest, sich dran freuen, wie Sie und ich, die wir durch ihn erlöst sind von einem Pindar, der im Stile der Deutschen Philistergemüth=lichkeit —

Ich Hans Sachse bin ein Schuh-
macher und Poet dazu —

seine gottbegeisterten Lieder gedichtet haben sollte. Denken Sie nur, daß vor einigen Jahren einer der feinsten Köpfe Frankreichs, Villemain, mit bedenklichem Schütteln des Hauptes zu mir sagte, er glaube nicht an die Böckh'schen Verse; ob ich denn daran glaube? Einstweilen wollen wir daran festhalten.

Und nun leben Sie wohl und lassen Sie uns jeder auf seinem Wege weiterforschen! Das Material zur Kritik werde ich Ihnen bald in meiner Ausgabe so vollständig liefern, als dies durch jahrelanges Sammeln und Sichten geschehen konnte; mögen Sie dann und Andre, deren Lebensumstände der Art sind, daß sie die volle Kraft diesen Studien zuwenden können, das Weitere thun! Gewiß werden Sie noch viel Schönes leisten und auch ich werde gern, wenn es mir einleuchtet, beistimmen, wie dies schon in manchen Einzelheiten, z. B. über Ol. III, 15 ff., der Fall ist. Nur die systematische Seite Ihrer Pindarstudien muß ich bestreiten. Glauben Sie indeß nicht, daß ich, wenn Sie durch meine Gründe nicht überzeugt werden und bei Ihrer Conjecturen- und Hypothesen-freien Methode beharren sollten, darum die Schale meines Zorns über Sie ergießen werde. Ich achte Jeden, der die Wahrheit redlich sucht und was er als solche erkannt hat tapfer ausspricht; der Wahlspruch Schlosser's, der wie Sie ein geborner Oldenburger von gutem Schlage war:

s'io al vero son timido amico,
temo di perder vita tra coloro
che questo tempo chiameranno antico.

(Dante, Parad. XVII, 119 ff.)

war seit lange auch der meinige. Vale.

Schulnachrichten.

1. Ueberficht des Unterrichts.

Vorschule.

Dritte Classe.

Lehrer: Herr Johanns.

Sprechübungen. 4 St. Besprechung der in Böhme's Lesefibel vorkommenden Gegenstände, auch Anschauung einiger anderer Thiere und Pflanzen. Erzählungen. Lieder. Bibelsprüche.

Rechnen. 4 St. Die vier Species im Zahlenraum von 1—100. Rechenbuch für Unterclassen Seite 1—40.

Lesen. 6 St. Lesefibel von Böhme und Kinderschatz I. Theil nach Auswahl. Memoriren gelesener Stücke.

Schreiben. 4 St. Für das Schreiben in die Hefte die kleine Form des deutschen Alphabets, außerdem sämmtliche deutsche Buchstaben nach Vorschriften der Wandtafel.

Zeichnen. 2 halbe St. Einige Zeichnungen nach Böhme's Lesefibel. Einfache, geradlinige Figuren.

Gesang. 2 halbe St. Einfache Lieder nach dem Gehör. Leiterübungen.

Turnen. 2 St. Ordnungs = und Freiübungen nach Spieß.

Zweite Classe.

Lehrer: bis Johannis Herr Logemann.
bis Michaelis Herr Rost.
seit Michaelis Herr Haberkamp.

Religion. 4 St. Biblische Geschichte des alten und neuen Testaments. Bibelsprüche.

Rechnen. 6 St. Die vier Species im Zahlenraume von 1—10000 mit benannten und unbenannten Zahlen. Das Rechenbuch für Unterclassen von Friedrichs u. s. w. wurde zu Grunde gelegt.

Lesen. 8 St. Lesen in Kinderschatz Th. II. Declamation. Anfangsgründe der Orthographie.

Schreiben. 4 St. Schreibübungen nach den Musterheften von Adler.

Zeichnen. 2 halbe St. Einfache Figuren. Nach der Zeichenschule von Toparkus.

Gesang. 2 halbe St. Singen einiger Lieder. Einübung nach dem Gehör.

Turnen. 2 St. Freiübungen nach Spieß.

Erste Classe.

Hauptlehrer: bis Michaelis Herr Klusmann.
seit Michaelis Herr Engelbart.

Religion. 2 St. Die biblischen Geschichten des alten Testaments, nach Preuß. Bibelsprüche. Liederverse.

Geschichte. 2 St. Erzählungen aus der alten Geschichte. Memoriren des betreffenden Theils der „Geschichtstabellen."

Geographie. 2 St. Allgemeine Kenntniß der Erdoberfläche; Land- und Wasservertheilung nach Voigt's Leitfaden, Cursus I. Das Herzogthum Oldenburg.

Rechnen. 4 St. Die vier Grundrechnungsarten mit unbenannten und benannten Zahlen im erweiterten Zahlenraume, nach Harms.

Deutsch. 8 St. Lesen aus „Kinderschatz," 3. Theil. Memoriren. Aufsätze, Erzählungen u. s. w., verbunden mit orthographischen Uebungen. Vorbereitende Grammatik: Unterscheidung der Wortarten; Uebungen in den Declinations- und Conjugationsformen; Auffassung grammatischer Begriffe.

Schreiben. 4 St. Deutsche und lateinische Schrift nach den Normalheften von Adler.

Zeichnen. 2 St. Nach einfachen geometrischen Holzkörpern. Willers.

Gesang. 2 St. Notenlernen. Tonleiter, leichte Uebungen und Lieder, einstimmig (vor Weihnachten Grosse).

Turnen. 2 St. Ordnungs- und Freiübungen nach Spieß.

Höhere Bürgerschule.

Sechste Classe.

Hauptlehrer: Herr Lahrssen.

Religion. 2 St. Biblische Geschichte des neuen Testaments nach Preuß. Auswendiglernen von Bibelversen, nach „Spruchbuch" 1—90. Lahrssen.

Geschichte. 2 St. Erzählungen aus der Geschichte des Mittelalters. Memoriren der Geschichtstabellen. Engelbart.

Geographie. 2 St. Europa nach Voigt, Curs. II. Uebersicht der Länder und Städte Europa's, besonders Deutschlands. Lahrssen.

Rechnen. 4 St. Rechnen mit Brüchen. S. 109 bis 145 nach Harms. 2 St. wöchentlich Kopfrechnen, größtentheils nach dem Kopfrechenbuch von Harms. Lahrssen.

Deutsch. 6 St. Grammatik: Die Wortarten und deren Biegung. Hauptpuncte der Satzlehre, Analyse, Gebrauch der Präpositionen. — Lesen: Oldenburger Lesebuch, Declamation. — Als Themata für Aufsatzübungen dienten leichtere Erzählungen und Gedichte. Lahrssen.

Französisch. 4 St. Lection 1 bis 60 nach Ploetz, Franz. Elementarbuch. Lahrssen.

Schreiben. 4 St. Deutsche und lateinische Schrift nach den Normalheften von Adler, No. 8 bis 11. Auch Uebungen in freien Heften. Johanns.

Zeichnen. 2 St. Nach Zusammenstellungen geometrischer Holzkörper. Willers.

Gesang. 2 St. Singen nach Noten. Die Intervalle. Einfache Lieder und Choräle. Grosse (nach Weihnachten Lahrssen).

Turnen. 2 St. Siehe S. 53.

Fünfte Classe.

Hauptlehrer: Herr Kröger.

Religion. 2 St. Das erste Hauptstück von Luthers kleinem Catechismus. Spruchbuch 1 bis 120 erklärt und auswendig gelernt. Lahrssen.

Geschichte. 3 St. Von Ostern bis Michaelis nach einer Repetition der alten und mittleren Geschichte die Geschichte Europa's bis zum westphälischen Frieden. Gericke. Von Michaelis bis Ostern: Geschichte Europa's vom Westphälischen Frieden bis 1815. Haberkamp.

Geographie. 2 St. Allgemeine Uebersicht der Land- und Wasservertheilung auf der Erde. Die geographischen

Grundbegriffe. Die Geographie von Asien, Afrika und Amerika nach Voigt's Leitfaden. Gericke.

Rechnen. 4 St. Nach Harms' Rechenbuch. Bruch=rechnung: Die vier Species. Sogenannte Regel=be=tri=Auf=gaben in Bruchform. Eine Stunde bloß Kopfrechnen. Kröger.

Deutsch. 6 St. Grammatik: Wiederholung und Ergänzung des in Sexta Durchgenommenen: Satzglieder. Die Wortarten und ihre Biegung. Analysen. — Lesen und Declamation nach dem Oldenburger Lesebuch. — Alle 14 Tage ein Aufsatz. Kröger.

Französisch. 4 St. Ploetz, Elementarbuch. Wie=derholung von Abschnitt 3. Darauf Abschnitt 4 und 5 bis Lection 80. Lahrssen.

Englisch. 4 St. Vor Michaelis: Plate, Lehrgang, Lection 1 bis 13. Schriftliche Arbeiten (Abschreiben und Ausarbeitung). Mommsen. Nach Michaelis: Nach Plate's Lehrgang (erster Theil) die Lectionen von 14 bis 31 durch=genommen. Alle Monate drei schriftliche Arbeiten. Einige Stücke aus dem Anhange gelesen. Gericke.

Schreiben. 2 St. Schreibübungen nach Adler's Nor=malheften bis Michaelis. Gericke. Engelbart. Mommsen.

Zeichnen. 2 St. Schwere Zusammenstellungen der geometrischen Holzkörper. Willers.

Gesang. 2 St. Zweistimmigkeit. Lieder und Cho=räle. Bis Weihnachten Grosse; dann Harms und Kröger.

Turnen. 2 St. Siehe S. 53.

Vierte Classe.

Hauptlehrer: Herr Cand. Stakemann.

Religion. 2 St. Die biblische Geschichte des neuen Testaments, mit einem Rückblick auf die Zeit von Maleachi

bis auf Christus. Der kleine Katechismus wurde kurz er=
läutert und memorirt. Auswendiggelernt wurden außerdem
100 Sprüche aus dem Spruchbuche und das Verzeichniß
der Bücher des alten und neuen Testaments. Stakemann.

Geschichte. 2 St. Nach einer kurzen Uebersicht
über die alten morgenländischen Staaten wurde die grie=
chische Geschichte bis zum Tode Alexanders, und die römi=
sche Geschichte bis auf Augustus vorgetragen; die Tabellen
über diesen Zeitraum wurden memorirt. Stakemann.

Geographie. 2 St. Im Sommerhalbjahre die
Geographie von Amerika und Länder= und Völkerkunde.
Im Winterhalbjahre die Geographie von Deutschland nach
Voigt's Leitfaden. Gericke.

Mathematik. 4 St. Arithmetik: Die sieben Grund=
operationen mit absoluten und algebraischen ganzen Zah=
len nach Harms' Aufgaben. Die wichtigsten Regeln wur=
den nach Dictaten memorirt. — Geometrie: Vorwiegend
wurde die Congruenz der Dreiecke mit den einschlagenden
Constructionen und die Lehre von den Parallelogrammen
behandelt. Stakemann.

Naturgeschichte. 2 St. Im Sommerhalbjahre:
Beschreibung einheimischer Pflanzen mit Berücksichtigung
des Linné'schen Systems. Im Winterhalbjahre: Das Faß=
lichste vom menschlichen Körper. Beschreibung einiger Säuge=
thiere nach Lenz. Kröger.

Rechnen. 3 St. Nach Harms' Rechenbuch: Rech=
nen mit Brüchen, II. Stufe B §. 3 und 4. Eine Stunde
bloß Kopfrechnen. Kröger.

Deutsch. 4 St. Repetition der Formenlehre nach
Kröger's Aufgaben. Syntax des einfachen und zusammen=
gesetzten Satzes; anschließend die Lehre von der Interpunc=
tion. Lectüre nach dem Oldenburger Lesebuch und Memo=

riren von Gedichten. Alle zwei bis drei Wochen ein Auf=
satz. Stakemann.

Französisch. 4 St. Die unregelmäßigen Verben
nach Ploetz, Grammatik Th. 2. — Lesen nach Ahn's Lese=
buch, S. 15 bis 21, S. 51 bis 65, S. 71 bis 82.
Schmeding.

Englisch. 3 St. Plate, Lehrgang I., Lection 32
bis 56. 2 St. — Lesen: Anhang. 1 Stb. Kröger.

Schreiben. 2 St. Schreibübungen nach Adler's
Normalheften. Gericke.

Zeichnen. 2 St. Nach Gypsabgüssen und Vorlege=
blättern. Ausführungen mit dem Wischer. Willers.

Gesang. 2 St. Alle Durtonleitern. Die einfach=
sten Accorde und ihre Figuration. Lieder und Choräle.
Grosse (bis Weihnachten; dann Harms und Kröger).

Turnen. Siehe S. 53.

Drittte Classe.

Hauptlehrer: Herr Oberlehrer Gericke.

Religion. 2 St. Die biblische Geschichte des neuen
Testaments an der Hand der Bibel; Lectüre ausgewählter
Abschnitte. Im Katechismus wurde das zweite Hauptstück
ausführlich behandelt. Der in Quarta memorirte Stoff
wurde fleißig repetirt, daneben Sprüche und Gesangverse
gelernt. Stakemann.

Geschichte. 2 St. Von Augustus bis zum Ende
des weströmischen Reiches. Die deutsche Geschichte vom An=
fange derselben bis zum Ende des Mittelalters nach Weber
durchgenommen und memorirt nach den Geschichtstabellen.
Gericke.

Geographie. 2 St. Die sämmtlichen Staaten Europa's, mit Ausnahme Deutschlands. Voigt's Leitfaden, Cursus 3. und 4. Osterbind.

Naturgeschichte. 2 St. Nach Leunis. Im Sommer Botanik: Bestimmung und Beschreibung einheimischer Pflanzen. Im Winter Zoologie: Classen des Thierreichs und Ordnungen der Säugethiere und Vögel. Kröger.

Mathematik. 4 St. Arithmetik. 2 St. Bruchrechnung in Buchstaben. Arithmetische Aufg. Abschnitt III. Gleichungen ersten Grades mit einer Unbekannten. Heis' Aufgaben-Samml. Harms. Geometrie. 2 St. Repetition der Sätze über die Congruenz der Dreiecke mit entsprechenden Erweiterungen. Inhaltsgleichheit der Figuren. Die Lehre von den Polygonen und vom Kreise. Nach Wittstein. Stakemann.

Rechnen. 3 St. Nach Harms' Rechenbuch II. Stufe B §. 5 bis Aufgabe 278. Kettenregel. Eine Stunde bloß Kopfrechnen. Kröger.

Physik. 2 St. Die allgemeinen Eigenschaften der Körper; die anziehenden Kräfte; die Aggregatformen; von der Ruhe und Bewegung im Allgemeinen; Hebel; Rollen und Flaschenzüge; der freie Fall und die Wurfbewegung. Brettner's Leitfaden. Osterbind.

Deutsch. 4 St. Nach einem Ueberblick über das ganze System der Grammatik, verbunden mit einer Repetition des in Quarta behandelten Unterrichtsstoffes, wurde die Syntax nach „Hoffmann, Neuhochdeutsche Elementargrammatik" durchgenommen. Alle vier Wochen ein Gedicht zum Declamiren aufgegeben; alle drei Wochen ein deutscher Aufsatz. Gericke.

Französisch. 4 St. Grammatik nach Ploetz, Th. 2. Lection 1 bis 24. Erzählungen aus Gruner's Chrestomathie wurden vorgetragen, wiederabgefragt und von den Schülern wiedererzählt, namentlich Abth. I. No. 37 bis 41. Sprechübungen nach Ploetz, Th. IV. S. 7 bis 25, 30 bis 39. Lesen nach Ahn's Lesebuch S. 32 bis 51, S. 71 bis 82, S. 90 bis 123. Auf Einprägung der Vocabeln wurde strenge gehalten. Schmeding.

Englisch. 3 St. Plate, Lehrgang, Theil 1., von Lection 54 bis zu Ende. Lesen nach Williams' Lesebuch S. 12 bis 24, S. 64 bis 87. Erzählung eines Theils der Geschichte: The haunted Mill nach Caspari's Lesebuch, die von den Schülern mündlich und schriftlich wiederholt wurde. Schmeding.

Schreiben. 2 St. Schreibübungen nach Abler's Normalheften. Gericke.

Zeichnen. 2 St. Wie Classe IV. Schwere Aufgaben. Ausführung mit dem Wischer. Willers.

Gesang. 2 St. Chorlieder. Combinirte Classe. Grosse (bis Weihnachten; nach Weihnachten Osterbind und Engelbart).

Turnen. 2 St. Siehe S. 53.

Zweite Classe.

Hauptlehrer: Herr Oberlehrer Harms.

Religion. 2 St. Die Geschichte des alten Bundes bis zur babyl. Gefangenschaft in pragmatischem Zusammenhange. Das Gebet (Vaterunser), die Sacramente und das Zwischenstück von der Beichte eingehend erläutert. Repetition des Katechismus. Memorirt wurden Gesangverse, Psalmen und einzelne Sprüche. Stalemann.

Geschichte. 2 St. Nach einer Uebersicht über die Bildung der bedeutenderen europäischen Staaten im Mittelalter wurde die allgemeine Geschichte bis zum Ausgang des 17. Jahrhunderts nach Weber erzählt. Gericke.

Geographie. 2 St. Speciellere Beschreibung Deutschlands. Uebersicht der allgemeineren Verhältnisse Afrika's und Australiens. Voigt's Leitf., Curs. 3. u. 4. Osterbind.

Naturgeschichte. 2 St. Sommer: Botanik. Die Repräsentanten der bekanntesten Pflanzenfamilien. Winter: Zoologie. Die Wirbelthiere. Leunis, Schulnaturgeschichte I. und II. Harms.

Mathematik. 6 St. Arithmetik. Gleichungen des 1. Grades mit einer und mehreren Unbekannten; Gleichungen des 2. Grades. Rechnen mit Potenzen, Wurzeln und Logarithmen nach Heis' Aufgaben. Geometrie: Planimetrie von der Aehnlichkeit an, nach Wittstein. Wiederholungsaufgaben. Elemente der ebenen Trigonometrie. Harms.

Rechnen. 2 St. Rechenbuch, Zweite Stufe B von §. 5. Aufgabe 201 an bis zu Ende. Harms.

Physik. 2 St. Gleichgewicht und Bewegung der flüssigen und luftförmigen Körper; Bestimmung des specifischen Gewichts; das Reflexionsgesetz; von der Verbreitung der Wärme durch Leitung und Strahlung; von der specifischen und der latenten Wärme. Brettner's Leitfaden. Osterbind.

Chemie. 2 St. Die Metalloide und ihre indifferenten Verbindungen; die atmosphärische Luft; der Verbrennungsproceß; von dem Atomgewichte der Körper und dem Gesetze der bestimmten Proportionen. Wöhler's Grundriß. Osterbind.

Deutsch. 3 St. Grammatik. Die Syntax des einfachen und zusammengesetzten Satzes. Anleitung zur Disposition der Aufsätze. Alle drei Wochen wurde ein Aufsatz geliefert. Lectüre nach Wackernagel Th. III. Außerdem

wurde gelesen: Wilhelm Tell und Wallenstein von Schiller.
Declamation alle 14 Tage. Themata der Aufsätze: 1. die
Spiele des Frühlings, in Briefform; 2. die Schlacht am
weißen Berge; 3. Dr. Luther, ein Gespräch; 4. Von der
Stirne heiß rinnen muß der Schweiß ꝛc., Abhandlung in
Form einer Chrie; 5. Ueber die Wahl des Berufes, ein
Gespräch; 6. Moses, der Mann Gottes, ein Lebensbild;
7. Siegfried's Tod; 8. Lob des Pferdes; 9. Elisabeth
und Maria Stuart, eine Vergleichung; 10. Hochmuth
kommt vor dem Fall, Chrie; 11. Vaterlandsliebe, nach
Schiller's Wort: An's Vaterland, an's theure, schließ dich
an. Stakemann.

Französisch 4 St. Grammatik nach Ploetz. Th. 2.
Lect. 1 bis 29. Die in der vorigen Classe begonnene Ge-
schichte von Souvestre „Le chasseur de chamois" zu Ende
geführt. Außerdem Sprechübungen nach Ploetz, Th. IV,
besonders Cap. 29 bis 32. — Lesen: Charles XII von
Voltaire, Cap. I, II und III bis zur Mitte; „Le Cid" von
Corneille. — Uebersetzen vom Deutschen ins Französische nach
Gruner's Musterstücken. Schmeding.

Englisch. 4 St. Grammatik nach Fölsing, 2 Th.
(Erster Abschnitt: §. 1 bis 210) mit den dazu gehörigen
Uebungsbeispielen (p. 172 bis 192), die als Exercitien aus-
gearbeitet und zum Theil mündlich repetirt wurden. —
Lesen: Williams, Reader, I p. 64 bis 91, 116 bis 150,
214 bis 221; O. Goldsmith, The Vicar of Wakefield,
p. 1 bis 32. Mommsen.

Zeichnen. 2 St. Nach Gypsabgüssen (Köpfe und
ganze Figuren). Ausführungen mit dem Wischer. Willers.

Gesang. 2 St. Wie Classe III. Grosse (bis
Weihnachten; dann Osterbind und Engelbart).

Turnen. 2 St. Siehe S. 53.

Erste Classe.

Hauptlehrer: Der Rector.

Religion. 2 St. Lectüre des Evang. Matthäi; bei der Erklärung wurden die übrigen Evang., namentlich das Johannes=Ev. berücksichtigt. Geschichte der apostolischen Zeit. Ueberblick der Kirchengeschichte. Memorirt wurden einzelne Kirchenlieder. Stakemann.

Geschichte. 3 St. Vom spanischen Erbfolgekriege bis zum Jahre 1815. Gericke.

Naturgeschichte. 2 St. Im Sommer: Botanik. Die bekanntesten Pflanzenfamilien mit besonderer Berück=sichtigung der Physiologie; die ökonomisch und technisch wichtigsten Pflanzen. Leunis, Schulnaturgeschichte II. Im Winter: Mineralogie und Geognosie nach Leunis' Analyt. Leitfaden. Harms.

Mathematik. 6 St. Arithmetik. Heis' Aufgaben, Abschnitt IV bis VI. Gleichungen, Progressionen, Ketten=brüche, Combinationslehre, Wahrscheinlichkeitsrechnung, bi=nomischer Lehrsatz. — Einiges von den höheren Gleichungen. Geometrie, Stereometrie, ebene und sphärische Trigonome=trie nach Wittstein; die Elemente der darstellenden Geometrie. Harms.

Physik. 3 St. Die Lehre vom Lichte; vom Magne=tismus und Erdmagnetismus; von der Reibungselectricität, dem Galvanismus, Electromagnetismus, der Inductions=electricität und der Thermoelectricität, Brettner's Leitfaden. Osterbind.

Chemie. 3 St. Die Sauerstoff=, Wasserstoffsäuren und die Sulfide; die Oxyde und wichtigeren Salze der Me=talle; stöchiometrische Uebungen und Arbeiten im Labora=torium. Wöhler's Grundriß. Osterbind.

Französisch. 4 St. Lesen: Von Ostern bis Weih=
nachten: Mignet, Histoire de la Revolution française; dann
Louis XI von Casimir Delavigne. — In französischer Sprache
wurde vorgetragen und von den Schülern mündlich und
schriftlich wiederholt nach Brées Auszuge aus Lamartine's
Girondisten Cap. 9, 11 bis 15. — Es wurden mehrere
Gedichte von Victor Hugo, Béranger und Anbré Chénier
auswendig gelernt. — Uebersetzen vom Deutschen ins Fran=
zösische nach Gruner's Musterstücken, Th. 1. Schmeding.
Deutsch. 4 St. 2 Stunden: Mittelhochdeutsche
Formenlehre und Nibelungenlied; der Auszug von Lübben
wurde ganz gelesen. — 2 Stunden: Besprechung der Auf=
sätze; Lesen und Erläutern einzelner classischer Dichtun=
gen: im Sommer Dramen (Braut von Messina, Antigone,
Iphigenie in Tauris), im Winter namentlich die kleineren
Schiller'schen Gedichte, nach Gattungen geordnet. — Auf=
sätze alle vier Wochen. — Declamation (Vorträge) ebenso.
Mommsen.
Englisch. 4 St. Im Sommer: Einzelne Regeln
der Grammatik, in engl. Sprache behandelt. Exercitien
und Extemporalien nach Schiller 2c. Im Winter: Litera=
turgeschichte bis auf Shakespeare (incl.), in engl. Vorträgen
behandelt, die zuerst von den Schülern zu Hause ausgear=
beitet, dann eingeliefert und vom Lehrer corrigirt wurden;
später wurden Exercitien aus demselben Stoffe gewählt. —
Vorträge (oder Declamationen) der Schüler so, daß alle
4 Wochen jeder Schüler an die Reihe kam. — Lesen
(Herrig, British Authors): Scott, Lady of the Lake,
Canto. I, V, VI (die dazwischen liegenden II, III, IV wur=
den mündlich vom Lehrer erzählt); Shakespeare, Richard II;
Stücke von Chaucer, Spenser, Marlowe u. s. w. parallel
mit den literargeschichtlichen Vorträgen. Mommsen.

Zeichnen. 2 St. Köpfe und ganze Figuren nach Gypsabgüssen; nach der Natur und Ausführung mit dem Wischer nach Vorlegeblättern. Willers.

Turnen. 2 St. Siehe das Folgende.

Turnen an Geräthen.

Lehrer: Herr Mendelssohn.

Im Sommer auf dem Turnplatze, im Winter im sogenannten Turnlocale. — Im Sommer wurde wie gewöhnlich in drei Abtheilungen geturnt. Die erste Abtheilung (Turnerschaft) wurde von den Primanern Lange, Bulling und Steche, zuletzt von dem Secundaner Rasmus als Hauptmann geführt. Im Winter war die Ordnung dieselbe, jedoch — wie nun schon seit vier Jahren — mit Wegfall der dritten (jüngsten) Abtheilung, weil noch immer kein anständiges Turnlocal herstellig gemacht worden ist. Die Ausführung des im vorigen Schuljahr gefaßten Beschlusses ist wieder verschoben worden. — Im Sommer 6 St., im Winter 4 St.; für jede Abtheilung 2 Stunden.

---

2. Bibliothek und Lehrmittel.

Die Schul=Bibliothek ist außer den Fortsetzungen früherer Anschaffungen durch folgende Werke vermehrt worden:

Aschenborn, Geometrie. — Baudissin, Geschichte des Schleswig=Holsteinischen Krieges. — Böse, Topogra=

phie von Olbenburg. — Bungener, Histoire du Concile
de Trente. — Derselbe, Julien. — Diez, Etymologisches
Wörterbuch der Romanischen Sprachen. — Fallme=
rayer's Werke. — Herrig, British Authors, 11. Aufl.
— Koch, Geschichte des Kirchenliedes und Kirchengesanges.
— Meyer, Grundzüge der Schulreform. — Roth, Grie=
chische Geschichte. — Runde, Olbenburgische Chronik. —
Schlömilch, Geometrie des Maaßes. — Trenbelen=
burg, Logische Untersuchungen. — Derselbe, Elementa
Logices. — Verhandlungen des Brandenburgischen Kir=
chentages. — Voltaire, Charles XII. — Ph. Wacker=
nagel, Deutsches Lesebuch, 1—4.

Die Lehrmittel wurden namentlich durch den Ankauf
von Vorlegeblättern für den Zeichenunterricht der Oberclas=
sen vermehrt.

Von einheimischen und auswärtigen Buchhandlungen
wurde der Anstalt geschenkt:

Weltgeschichte in Biographien, herausgegeben von den
Lehrern der Realschule in Annaberg. — C. v. Seyblitz,
kleine Schulgeographie. — Derselbe, (größere) Schulgeogra=
phie. — Winckelmann, Lehrbuch der englischen Sprache.
— Schilling, kleine Schulnaturgeschichte. — Gerbing,
Schule der Chemie. — Derselbe, Schule der Physik. —
Richard, Lateinische Grammatik. — Rauch, Elementar=
Arithmetik. — Schütz, Les grands faits de l'histoire de
France. — Plate und König, Cours gradué de langue
Anglaise. — Lange, Schulatlas. — Englisches Vocabu=
lar, 1. (Vieweg) — An das Elternhaus (Bremen).

3. Chronik.

Das Lehrercollegium der höheren Bürgerschule hat, so weit es dieser im engeren Sinne angehört, während des verflossenen Schuljahrs keine Veränderungen erlitten. Die Lehrer erfreuten sich, Gott sei Dank, sämmtlich einer guten Gesundheit und konnten unausgesetzt in ihrem Berufe thätig sein. Dagegen erfuhr die Vorschule mancherlei Wechsel. Namentlich hat sie den Verlust eines treuen und geschickten Lehrers zu beklagen, der ihr durch den Tod entrissen wurde, nachdem er sieben Jahre lang an derselben gewirkt hatte. Wir lassen hier einige genauere biographische Notizen folgen.

Friedrich Logemann, geboren 1832 Septbr. 18. zu Westerstede, besuchte bis zu seiner Aufnahme ins Seminar zu Oldenburg die Schule seines Geburtsortes, wirkte von Michaelis 1849 bis dahin 1851 als Nebenlehrer an der Schule zu Wiarden, kehrte dann ins Seminar zurück, und wurde um Ostern 1835 (siehe 13. Programm, S. 38) als Lehrer an der Vorschule angestellt, nachdem er 2¼ Jahre als Hauslehrer im Bremischen und interimistisch an der Schule zu Nadorst beschäftigt gewesen war. Schon im Frühjahre 1856 wurde L. von einem so bedenklichen Brustleiden ergriffen, daß er bis zum Herbste seine Classe anderen Händen überlassen mußte (siehe 14. Programm, S. 60). Von da an aber besserte sich sein Zustand in so erfreulicher Weise, daß kaum einer seiner Freunde noch Besorgnisse um ihn hegte. Was er in dieser Zeit Gutes gewirkt hat, wird wohl Manchem in dankbarer Erinnerung bleiben; denn er verstand es nicht nur Fertigkeiten einzuüben und Kenntnisse klar und gründlich mitzutheilen, sondern auch das Herz der Kleinen zu lenken und ganz für sich zu gewinnen; er ver=

stand dies, weil er selber Herz hatte. Der feine, allem
Edeln und Schönen zugewandte, allem Rohen und Unwah-
ren abgewandte Sinn leuchtete ihm aus den Augen. Daher mochte es kommen, daß man den Knaben, welche die
drei ersten Jahre ihres Schullebens an diesem Lehrer mit
Liebe gehangen hatten, vorzugsweise nachrühmen konnte,
daß sie meistens in die höheren Lehranstalten mitbrachten,
was man „einen guten, frommen Sinn" nennt, an welchem
Fundamente weit mehr liegt als man gewöhnlich glaubt.
Auch wir Lehrer haben die Feinheit seines Geistes und
Herzens vielfach erfahren und werden seiner stets in Liebe
gedenken. — Am Ende Juni v. J. wurde L. abermals
von seinem alten Leiden befallen, welches bald in erschre-
ckender Weise zunahm, so daß die Aerzte auf eine Badecur
in Lippspringe drangen. Die Großherzogl. Regierung ge-
währte mit gütiger Bereitwilligkeit die Mittel, und am 7.
August reis'te der Kranke ab, in der festen Zuversicht, dort
Heilung zu finden. Aber die Vorsehung hatte es anders
beschlossen. Nach kaum achttägiger Brunnencur wurde er
durch einen abermaligen Anfall von Bluthusten auf ein Kran-
kenbett geworfen, welches sein Sterbebett wurde. Durch
seine Leiden und seine herzgewinnende Persönlichkeit hatte
er die Aufmerksamkeit mehrerer Curgäste erregt, und diese
haben sich seiner in brüderlicher Weise angenommen. Als
am Sonntage den 17. August der Brunnenarzt erklärte,
daß menschliche Kunst den Kranken nicht mehr retten könne,
übernahm es einer der Curgäste, ihn auf sein Ende vor-
zubereiten: „Wir unterhielten uns mehrere Stunden lang
mit einander über Gott und das ewige Leben; wir haben
dann mit einander gebetet, und als ich ihn fragte, ob er
mit Schmerzen von dieser Welt scheide, sah er mich mit
seinen ausdrucksvollen Augen an und antwortete: „„Mir

bangt nicht!"" Ja, Sie können seinen Freunden die Versicherung geben, er ist selig entschlafen." Die Nachricht von dem am 19. August erfolgten Hinscheiden langte noch an demselben Tage hier an. Herr Klusmann, der nächste Freund und Amtsgenosse des Verstorbenen, übernahm es im Auftrag des Lehrercollegiums ihm die letzte Ehre zu erweisen. Am 22. war die Bestattung. Die Curgäste hatten den Sarg und den Weg zum Grabe geschmückt und versahen selbst das Amt der Leichenträger. Der Lehrer des Orts mit seiner Schule und der evangelische Prediger, Herr Pastor Schneider, gaben das Geleite; Letzterer hielt eine alle Zuhörer ergreifende Rede am Grabe. Wohl mag unter dem zahlreichen Trauergefolge Mancher gewesen sein, der den Verstorbenen nicht einmal gesehen hatte, sie alle aber haben gewiß den Eindruck mit hinweggenommen, daß dieser fremde Mann in seiner Heimath viel beweint werde, nicht nur von seinen geliebten Schülern, sondern namentlich auch von seinen zahlreichen Freunden. Was er diesen gewesen ist, beweist der Grabstein, welchen sie ihm gesetzt haben, mit der Inschrift:

Lehrer Fr. Logemann aus Oldenburg, geb. 1832 Sept. 18.
zu Westerstede; gest. 1862 Aug. 19. Dem Unvergeßlichen
von seinen Sangesbrüdern und Collegen.

Die durch das Ausscheiden des sel. Logemann plötzlich entstehende Lücke war nicht leicht zu füllen. Das Großherzogliche Oberschulcollegium erklärte sich dem verehrl. Patronat unserer Schule gegenüber außer Stande, einen Lehrer zur Aushülfe anzustellen, und wir hätten ein Vierteljahr lang die drei Vorbereitungsclassen zu zweien combiniren müssen — was natürlich nicht ohne Einbuße für die gesammte Vorschule gewesen wäre — wenn sich nicht Herr cand. theol. Rost willig gefunden hätte, bis Michaelis die verwais'te zweite Claſſe zu übernehmen. Hiefür iſt ihm unſere Anſtalt zu beſtem Danke verpflichtet. Um Michaelis wurde für den ſel. Logemann der Schulamtscandidat Herr Haberkamp als Lehrer der Vorſchule angeſtellt.

Auch die erſte Vorſchulclaſſe verlor um Michaelis ihren Lehrer, indem Herr Klusmann eine beſſere Stelle am Gymnaſium in Jever erhielt. Herr Klusmann hat acht Jahre lang (ſiehe 12. Programm S. 42, 13. Programm S. 38) unſrer Schule treulich beigeſtanden und nimmt den Dank vieler Eltern und den aller ſeiner Collegen mit ſich. An ſeine Stelle trat Herr Engelbart aus Ganderkeſee. Möge das Wirken der beiden neuangeſtellten Lehrer ein geſegnetes ſein!

Mit Neujahr 1863 verließ uns der bisherige Geſang=lehrer Hr. Groſſe, um ſeine hieſige Stellung mit einer an=dern in Curland zu vertauſchen. Die Lehrer erleichterten ihm dieſen Weggang dadurch, daß ſie ſeine Stunden bis Oſtern freiwillig übernahmen.

Zwei liebe Schüler dieſer Anſtalt ſind, beide nach län=gerer Krankheit, in ein beſſeres Daſein hinübergegangen: Otto Schwenke aus Oldenburg, ſtarb am 16. Mai 1862, nach jahrelangem Leiden; am 20. Mai wurde er beerdigt, auch von ſeinen ehemaligen Lehrern und Mitſchülern zu Grabe geleitet; — Heinrich Franckſen aus Langwarden, ſtarb am 5. Dec. 1863 in der Diakoniſſen=Anſtalt Betha=nien zu Berlin, nach ³/₄jähriger Krankheit.

Bald nach Anfang des Schuljahres wurde die „Spruch=Sammlung" in die Vorſchule und höhere Bürgerſchule eingeführt. Herr Cand. Stakemann, welcher dieſelbe (unter Mitwirkung des ſel. Logemann) zunächſt zum Be=ſten unſrer Schule zuſammengeſtellt hatte, hat dadurch ei=nem Bedürfniß abgeholfen, welches vielleicht auch andere höhere Lehranstalten empfinden mögen. Es war nämlich die Beobachtung gemacht worden, daß es unsern Vorschü= lern und Bürgerschülern im Ganzen sehr an fest und früh eingeprägtem Vorrath von biblischen Kernsprüchen fehle und daß sie darin gegen die aus Volksschulen hervorgegangenen zurückständen. Obwohl nun der Hauptgrund dieses Man= gels bei höheren Schulen in der Beschäftigung des Schü= ler=Gedächtnisses mit vielen und vielerlei anderen Dingen liegt, so kann doch eine feste methodische Anordnung des Spruchlernens in früher Jugend ihre guten Wirkungen nicht verfehlen, wobei allerdings der Lieblingsgrundsatz man= cher Lehrer, daß das Kind alles was es lerne, vollkommen verstehen müsse, etwas ins Gedränge kommt. Eine billige Rücksichtnahme darauf, das Verständlichere zuerst zu neh= men, wird man auch bei unserm Spruchbuche beachtet fin= den; allein man beherzige wohl, daß ein kindliches Gemüth vieles ahnt, was es noch nicht versteht, und daß die vor= witzige Verständigkeit am allerwenigsten durch den Religions= unterricht befördert werden soll.

Am 18. und 19. December wurde das öffentliche Exa= men im Saale der Mittelschule abgehalten. Die Gegen= stände der Prüfung waren in der Vorschule: Lesen, Rechnen, Deutsch, Gesang; in der höheren Bürgerschule: Deutsch, Französisch, Englisch, Geographie, Physik, Geschichte, Mathe= matik. Das Examen begann und schloß mit einem Choral der Schüler und Lehrer; am Ende jeder einzelnen Classen= prüfung wurden deutsche (in den Oberclassen auch englische und französische) Gedichte von den Schülern vorgetragen. Die Zeichnungen, Landkarten, chemischen Präparate u. s. w. waren in einem Nebenzimmer ausgestellt.

Die Schülerbibliothek unter Herrn Oberl. Ge= ricke's Leitung, sowie die von den Herren Kröger und

Lahrssen beaufsichtigten Arbeitsstunden haben auch im verflossenen Jahre der Schule manchen Nutzen gebracht.

Die Lateinfrage wurde gegen Ende des Schuljahrs abermals bei den Behörden in Anregung gebracht; das Resultat ist noch nicht entschieden.

----

4. Statistische Nachrichten.

1. Verzeichniß der abgegangenen Schüler.

A. Um Ostern 1862 sind folgende Schüler abgegangen:

1. Aus der höheren Bürgerschule:

Classe I.

1. Hermann Lohse, 15¾ Jahr, wird Kaufmann.
2. Gustav Meyer, 17 Jahr, wird Kaufmann.
3. Georg Osthoff, 17½ Jahr, wird Techniker.
4. Eduard Meyer, 17¾ Jahr, ins Postfach.

Classe II.

5. Johann Schmidt, 14½ Jahr, wird Orgelbauer.
6. Johannes Tobias, 15½ Jahr, wird Kaufmann.
7. Ferdinand Krito, 15 Jahr, wird Kaufmann.
8. Wilhelm Francksen, 16 Jahr, wird Landmann.

Classe III.

9. Hermann Mohr, 16 Jahr, wird Kaufmann.
10. Julius Ballin, 14¾ Jahr, wird Kaufmann.
11. Carl Sattler, 15 Jahr, wird Schiffer.

Classe IV.

12. Diedrich Borgstede, 15 Jahr, wird Kaufmann
13. Fritz Karpe, 14¼ Jahr, wird Apotheker.
14. Georg Köster, 15¼ Jahr, wird Kaufmann.
15. Wilhelm Molkau, 16 Jahr, wird Buchhändler.
16. Christian Pape, 16½ Jahr, wird Kaufmann.
17. Carl Ruhstrat, 12¼ Jahr, aufs Gymnasium.
18. Adolf Sonnewald, 17 Jahr, wird Kaufmann.
19. Hermann Steenken, 15 Jahr, wird Kaufmann.
20. William Waller, 17 Jahr, wird Kaufmann; ohne Abschied.
21. Hermann Wiechmann, 15 Jahr, wird Kaufmann.

Claſſe V.

22. Auguſt Keppel, 12 Jahr, aufs Gymnaſium.

2. Aus der Vorſchule:

Claſſe I.

23. Paul von Alten, 9 Jahr, Privatunterricht.
24. Fritz von Beaulieu, 9½ Jahr,
25. Freddy Bultmann, 9¾ Jahr,
26. Anton Cropp, 9 Jahr,
27. Wilhelm Greve, 10 Jahr,
28. Theodor Harms, 9 Jahr, } aufs Gymnaſium.
29. Georg Hartmann, 9¾₁ Jahr,
30. Richard Hoyer, 9½₁ Jahr,
31. Eduard b'Huvelé, 9¾₁ Jahr,
82. Peter Krollmann, 10 Jahr,
33. Heinrich Preſuhn, 10½ Jahr, in die Mittelſchule.
84. Emil Röſler, 8¾₁ Jahr,
35. George v. Schele, 10¾ Jahr,
36. Ludwig Schotten, 9 Jahr,
37. Max Steche, 9½ Jahr, } aufs Gymnaſium.
38. Wilhelm Wibel, 9½ Jahr,
39. Rochus v. Witzleben, 10 Jahr,
40. Carl Zebelius, 9½₁ Jahr,

B. Im Laufe des Schuljahrs ſind abgegangen:

Claſſe I.

41. Otto Lange, 15¾₁ Jahr, wird Schiffsbauer; } im erſten
42. Adolf Peil, 16 Jahr, wird Kaufmann; } Vierteljahr.
43. Friedrich Ruhſtrat, 15¾₁ Jahr, wird Kaufmann;
44. Juſtus Scheper, 16½ Jahr, wird Techniker; um Michaelis.
45. Johannes Mehrens, 16½ Jahr, wird Kaufmann; ohne rechtzeitige Abmeldung; um Michaelis.
46. Edmund v. Berg, 18½₁ Jahr, wird Forſtmann; um Weihnachten.
47. Wilhelm Steche, 17 Jahr, Militairſchule; Anfang Februar 1863.

Claſſe II.

48. Franz Abbes, 16½ Jahr. Unbeſtimmt. Siehe Conferenzprotocoll.
49. Julius Goldſchmidt, 15 Jahr, wird Kaufmann.
50. Fritz Jacoby, 15¼ Jahr, wird Kaufmann.
51. Louis Heimburg, 16¾ Jahr, wird Militair.
52. Theodor Wellbrock, 15 Jahr, wird Kaufmann, ohne Abſchied.

Claſſe III.

53. Ferdinand Lehmann, 15 Jahr, Handelsſchule in Osnabrück.

Claſſe IV.

54. Gilert Meyer, 15¼ Jahr, wird Landmann.
55. Anton Boltes, 13 Jahr, erkrankt.
56. Carl Ritter, 15¾ Jahr, Kaufmann.

62

Claffe **IV.**

57. Heinrich Francksen, 11 Jahr, erkrankt († 5. Dec. 1862).

Vorschule 1.

58. August Baars, 8½ Jahr, nach Hause.
59. Jacob Barrett, 12 Jahr, Privatunterricht.

Vorschule 2.

60. Julius Ricklefs, 9½ Jahr, erkrankt.
61. Max Johanning, 8¼ Jahr, erkrankt.
62. Eduard Döring, 8 Jahr, Umzugs halber.

Vorschule 3.

63. Heinrich Taylor, 7 Jahr, ohne Abschied.

Von diesen 63 abgegangenen Schülern sind 18 aufs hiesige Gymnasium, 2 auf höhere polytechnische Lehranstalten, 1 auf die hiesige Militairschule, 1 ins Forstfach, 1 ins Postfach, 1 auf eine Handelsschule, 1 in die Mittelschule, 4 Krankheits halber, 6 Umzugs halber oder aus besondern Gründen abgegangen. Die übrigen 28 sind ins Berufsleben übergetreten; darunter 20 in den Kaufmannsstand.

2. Zahl der Schüler in dem Schuljahr 1862/63.

	Höhere Bürgerschule.						Vorschule.			Summa.
	I.	II.	III.	IV.	V.	VI.	1.	2.	3.	
Alte Schüler . . .	3	—	7	5	6	1	5	4	—	31
Versetzt um Ostern 1862	13	20	22	33	24	16	37	30	—	195
Aufgenommen um Ostern 1862 und im Laufe d. Schuljahrs 1862/63 .	1	2	1	6	7	6	7	6	44	80
Zahl sämmtlicher Schüler	17	22	30	44	37	23	49	40	44	306
Bestand um Ostern 1863	10	17	29	41	36	23	47	37	43	283

Im Ganzen sind 80 neue Schüler aufgenommen worden; in die höhere Bürgerschule 23, in die Vorschule 57.

Von den 156 Schülern, welche gegenwärtig, am Schlusse des Schuljahrs, die höhere Bürgerschule besuchen, sind 116 aus der Stadt, 40 nicht aus der Stadt. — Von den 127 Schülern der Vorschule sind 115 aus der Stadt, 12 nicht aus der Stadt.

Berichtigungen.

Seite 7, Zeile 5 v. u. lies ἐκτίσσατο.

„ 8, „ 15 v. u. „ bedeutsamer Objecte.

„ 17, in der Mitte „ zwischen 1100 und 1300 geschrieben.

„ 19, Zeile 14 v. u. „ Paraphrasen